Rheinisch-Westfälische Akademie der Wissenschaften

Geisteswissenschaften Vorträge · G 201

Herausgegeben von der
Rheinisch-Westfälischen Akademie der Wissenschaften

WERNER FLUME

Gewohnheitsrecht und römisches Recht

Springer Fachmedien Wiesbaden GmbH

198. Sitzung am 13. November 1974 in Düsseldorf

Ursprünglich erschienen bei Westdeutscher Verlag GmbH 1975

ISBN 978-3-531-07201-2 ISBN 978-3-322-90070-8 (eBook)
DOI 10.1007/978-3-322-90070-8

Inhalt

1. *Die moderne Lehre vom Gewohnheitsrecht und der Meinungswandel betreffend das römische Recht der klassischen Zeit*

Das römische Recht der klassischen Zeit ist nur zu einem geringen Teil gesetztes Recht, selbst wenn man alle Satzungen, die Leges und Plebiszite, die Senatusconsulte, die Kaiserkonstitutionen und die Edikte der Prätoren, Ädilen und Provinzstatthalter einbezieht. Bezeichnet man das ungesetzte Recht als Gewohnheitsrecht, so kann man sagen, das römische Recht der klassischen Zeit besteht im wesentlichen aus „Gewohnheitsrecht". Nur ist damit nichts anderes gesagt, als daß das als „Gewohnheitsrecht" bezeichnete Recht nicht gesetztes Recht ist.

Der Begriff des Gewohnheitsrechts ist in der modernen Lehre ausgerichtet am Gesetzesrecht. Die divisio „Gesetzesrecht und Gewohnheitsrecht" teilt das genus Recht auf, und beide sind nach der modernen Lehre in ihrem Wesen gleich, wobei dieses Wesen durch die Vorstellung vom Gesetzesrecht bestimmt wird. Repräsentativ für die traditionelle und wohl noch herrschende Meinung formuliert Lehmann-Hübner[1]: „Als Rechtsquellen im formellen Sinne einer tauglichen Entstehungsursache des objektiven Rechts kommen nur zwei in Betracht: Satzung und Gewohnheit." Die Gewohnheit wird dabei dem Gesetz gleichgeachtet. Bei Lehmann-Hübner heißt es dazu: „Die Gewohnheit ist eine der Gesetzgebung ebenbürtige Rechtsquelle." Wie in Windscheids Pandektenrecht[2] das Kapitel „Quellen des Rechts" unterteilt wird in „Gesetz" und „Gewohnheitsrecht", so gilt das gleiche für die Darstellung der „Lehre von den Rechtsquellen" bei Enneccerus-Nipperdey. Das Gewohnheitsrecht wird nach dieser Lehre in seiner Positivität dem Gesetz gleichgeachtet. In Übereinstimmung mit Enneccerus-Nipperdey[3] gibt Larenz als h. L. wieder, unter „Gewohnheitsrecht" verstehe man Normen, die in gleicher Weise gelten wie ein Gesetz[4]. Die dauernde Übung verbunden mit der

[1] Allg. Teil § 3, I, 3, 4.

[2] 9. Aufl. §§ 14ff.; zur Literatur des 19. Jahrhunderts betr. des Gewohnheitsrechts siehe Zit. bei Windscheid §§ 15–18.

[3] Allg. Teil I §§ 32, 35ff.

[4] Siehe Larenz, Allg. Teil § 1 I c; Methodenlehre, System. Teil 3. Kap., 3c. Siehe auch BVerf.GE 22, 121 u. zit. Entsch.; zum Verfassungsgewohnheitsrecht siehe Tomuschat, Verfassungsgewohnheitsrecht?, 1972.

opinio necessitatis wird als Akt der Positivierung gleich dem Gesetzgebungsakt eingeordnet. Aus der Vorstellung, daß das Recht der Positivierung bedürfe, folgert die herrschende Meinung, daß der Gerichtsgebrauch zur Rechtsquelle nur als Gewohnheitsrecht werde, und in Literatur und Rechtsprechung sucht man, für die vertretenen Rechtsmeinungen die Qualität als Gewohnheitsrecht in Anspruch zu nehmen, weil man meint, daß damit für die vertretene Meinung die Geltungsfrage positiv entschieden sei[5]. Schließlich wird auch die Ansicht vertreten[6], daß die in der Rechtsprechung gefestigten Rechtsvorstellungen einen Teil des Gesetzesrechts selbst bildeten.

In der modernen Romanistik hat man verneint, daß die römischen Juristen der klassischen Zeit das Gewohnheitsrecht als Rechtsquelle angesehen und anerkannt hätten[7]. Diese Verneinung war ausgerichtet auf den aus der Lehre des gemeinen Rechts überkommenen Begriff des Gewohnheitsrechts, der an dem Gesetzesrecht orientiert ist. Es ging dabei der modernen Romanistik darum, klarzustellen, daß die Klassiker nicht den positivistischen Begriff des Gewohnheitsrechts, wie dieser der Lehre zum geltenden Recht entspricht, vertreten hätten. Kennzeichnend ist, daß zunächst vor allem von der derogierenden Kraft der Gewohnheit gegenüber dem Gesetz gehandelt worden ist[8]. Als Thema probandum – und probatum wurde angesehen, daß in vorklassischer und klassischer Zeit zwar Gesetze in desuetudinem gekommen seien, daß diese desuetudo aber nicht der Aufhebung eines Gesetzes durch Gesetz gleichzuachten sei. Vielmehr habe die desuetudo lediglich die oblitteratio des Gesetzes durch faktische Nichtanwendung bedingt, ohne die Geltung des Gesetzes aufzuheben.

Als besonders anschauliches Beispiel wird[9] die „tragica soluzione“[10] des Konflikts zwischen dem Prätor Asellius und den zinsnehmenden Geldverleihern in der von Appian. bell. civ. 1,54 überlieferten Anekdote angeführt, nach der Asellius, als er die außer Gebrauch gekommene lex Genucia[11] wieder angewandt wissen wollte, getötet worden ist. Es wird

[5] Siehe Flume, Richter und Recht (Verhandl. 46. Dtsch. Juristentages, 1966, Bd. II, K, München 1967) K 22; Esser, Festschr. Fritz v. Hippel, 1967, 95ff., 99.

[6] So Esser a.a. O.S. 129; gegen Esser siehe auch Wieacker, Festschr. Werner Weber (1974) S. 423.

[7] Siehe Zitate bei Kaser, RPrR I² § 48 N. 21.

[8] Siehe Pernice SZ 20, 127ff.; 22, 59ff.; Steinwenter, Stud Bonfante II, 421ff., 437; Solazzi, AG 102, 1929, 3ff. = Scr III, 27; siehe auch Thomas, Tijdschr. 31, 46; RIDA 12, 1965, 469ff.; Schmiedel, Consuetudo, 1966, S. 97ff. u. S. 99 N 12 Zit.

[9] Pernice SZ 20, 150; Solazzi, Scr III, 277.

[10] So Solazzi a.a.O.

[11] Siehe dazu Rotandi, Leges publicae S. 226.

gefolgert, die Geldverleiher hätten sich eben nicht auf die derogatorische Kraft eines Gewohnheitsrechts verlassen, sie hätten vielmehr, wie Pernice sagt, die Tötung des Asellius „für das sicherere Mittel gehalten". Solche Geschichten – ebenso die von Pernice und Solazzi[12] angeführte Erzählung des Livius (27, 8, 6ff.) von dem Flamen Dialis Gaius Valerius Flaccus, der entgegen dem neuen Brauch sich durch Eingreifen der Tribunen den Zugang zum Senat verschaffte – besagen jedoch in Wirklichkeit nichts für die Frage des Gewohnheitsrechts und jedenfalls nichts dafür, welche Stellung die Juristen zur Problematik des Gewohnheitsrechts eingenommen haben.

In voller Breite und Schärfe ist die Frage: „Kannte das klassische römische Recht Gewohnheitsrecht?" von Fritz Schulz in einem Vortrag auf dem Rechtshistorikertag 1932 verneint worden. Der Vortrag ist leider infolge der Zeitverhältnisse nicht publiziert worden[13]. Fritz Schulz hat seine Ansicht aber in den Prinzipien des Römischen Rechts und in der Geschichte der römischen Rechtswissenschaft niedergelegt[14]. Kern der Stellungnahme von Fritz Schulz ist, daß es in Rom in klassischer Zeit kein Gewohnheitsrecht im Sinne der modernen Lehre der Gleichsetzung des Gewohnheitsrechts mit dem Gesetzesrecht gegeben habe. Schulz räumt in den Prinzipien sogar ein, man möge die sich aus der Verbindung der römischen Jurisprudenz und Praxis ergebenden traditionellen Sätze Gewohnheitsrecht nennen, müsse dann aber die Andersartigkeit gegenüber dem Gesetzesrecht, was die Bindung anbetrifft, beachten. So heißt es denn in den Prinzipien: „Das staatlich gesetzte Recht enthält das Postulat, befolgt zu werden, auch wenn man (insbesondere der Richter) es mißbilligt; das römische Gewohnheitsrecht fordert Beachtung nur bis auf weiteres, nur wenn man es billigt oder wenigstens keine wesentlich bessere Regel weiß, wobei freilich das Alter der gewohnten Regel ein gewichtiges Argument für ihre Richtigkeit ist[14a]." Entschiedener formuliert Schulz dann jedoch in der Geschichte der römischen Rechtswissenschaft[15], römisches Gewohnheitsrecht sei „den Klassikern noch vollkommen unbekannt".

Über Jahrzehnte war es seit den 30er Jahren herrschende Meinung unter den Romanisten, daß den Römern bis zum Ende der klassischen Zeit das Gewohnheitsrecht als Rechtsquelle unbekannt gewesen sei. Als

[12] Beide a.a.O.; siehe auch Bove, La consuetudine in diritto Romano I (1971) S. 62ff.
[13] Siehe aber den Bericht von Seidl, SZ 53, 641ff.
[14] Prinzipien S. 9ff.; Geschichte S. 28, 71, 162.
[14a] Prinzipien S. 10.
[15] S. 162.

Abschluß dieser bisher herrschenden Meinung ist die 1966 erschienene Freiburger Dissertation von Schmiedel ‚Consuetudo im klassischen und nachklassischen römischen Recht' zu nennen, welche die herrschende Meinung als „das gesicherte Ergebnis der neueren Romanistik" noch einmal zusammenfassend feststellt. Gerade diese Dissertation ist aber zugleich der Anlaß gewesen, daß wieder eine Gegenmeinung vertreten worden ist[16]. Der Wandel der Auffassungen findet seinen sichtbarsten Ausdruck in der unterschiedlichen Stellungnahme Kasers in seiner Darstellung des römischen Privatrechts im Handbuch der Altertumswissenschaft von der ersten zur zweiten Auflage. Kaser, der 1939 in der Abhandlung „Mores majorum und Gewohnheitsrecht"[17] ganz den Thesen von Fritz Schulz gefolgt war, statuierte in der ersten Auflage seines Handbuchs[18], nachdem er die Bedeutung des mos hervorgehoben hatte: „Doch ist den Klassikern die Vorstellung, daß die fortgesetzte gleichförmige Übung aus sich heraus ein Gewohnheitsrecht erzeugt, noch fremd." Kaser berief sich dabei darauf, daß Gaius in seinen Institutionen (1, 1 ff.) die Gewohnheit nicht unter den Rechtsquellen erwähnt. In der zweiten Auflage[19] heißt es dagegen bei Kaser: „Der Gedanke, daß die inveterata consuetudo an Gesetzesstelle stehen kann, daß die allgemeine Volksüberzeugung den förmlichen Gesetzesbeschluß der Komitien zu ersetzen vermag, und daß dieser Volkskonsens sogar Gesetze per desuetudinem außer Kraft setzen (abrogare) kann, wird bereits dem Julian zuzuschreiben sein." Es geht dabei um die Julian-Stelle D 1, 3, 32 pr u. 1, wovon noch zu handeln ist. Hatte Kaser in der ersten Auflage seines Handbuchs noch gesagt, die bei Ulpian D 1, 1, 6, 1 = Inst 1, 2, 3, 9 überlieferte Unterscheidung zwischen „ius ex scripto" und „ex non scripto" stamme von der zwischen *νόμος ἔγγραφος* und *νόμος ἄγραφος* her und sei aus der Rhetorik wohl erst von der nachklassischen Schuljurisprudenz übernommen worden, so heißt es in der zweiten Auflage, die Herkunft des ius ex scripto und ex non scripto aus dem *νόμος ἔγγραφος* und *νόμος ἄγραφος* sei kein Indiz für den nachklassischen Ursprung des Gewohnheitsrechts. Kaser wendet sich unter Aufgabe seiner früheren Ansicht damit unmittelbar gegen Fritz Schulz, der[20] im Zusammenhang mit der These, daß das

[16] Zu Schmiedel, Consuetudo, siehe die Besprechungen Gaudemet, Jura 18, 1967, 233ff.; Cannata, SDHI 33, 1967, 481 ff.; d'Ors, Annuario de historia del derecho español 37, 1967, 643ff.; Mayer-Maly, Gnomon 41, 1969, 383ff.; Nörr, SZ 84, 1969, 454ff.; siehe auch Crifò, BIDR 71, S. 93, N. 274.

[17] SZ 59, 1939, 52ff.

[18] § 48 III.

[19] § 48 III, 1.

[20] Geschichte der röm. Rechtsw. S. 162.

Gewohnheitsrecht den Klassikern unbekannt gewesen sei, von dieser Unterscheidung gesagt hatte, sie sei für das römische Recht „vollkommen wertlos" und in die isagogischen klassischen Schriften erst in nachklassischer Zeit eingedrungen.

Es ist vor allem Dieter Nörr, der sich neuerdings in mehreren Arbeiten[21] gegen die Ansicht gewandt hat, nach der das Gewohnheitsrecht von den römischen Juristen der republikanischen und klassischen Zeit nicht als Rechtsquelle anerkannt worden ist. Mit Recht geht Nörr davon aus, unbestritten beruhe das römische Recht weithin auf Gewohnheitsrecht in dem Sinne, daß es Rechtsinstitute und Rechtsgrundsätze gibt, die nicht auf den fixierbaren Willen eines Gesetzgebers zurückgeführt werden können. Ihn bewegt für das römische Recht die Frage, ob die Rechtskundigen der jeweiligen Zeit das „Gewohnheitsrecht" in dem angegebenen Sinne als „Rechtsquelle" bewußt erfaßt haben. Zum Begriff der Rechtsquelle sagt Nörr[22]: „Als Kriterium für den Begriff der Rechtsquelle genügt es uns, wenn das Gewohnheitsrecht in ähnlichem Sinne als Mittel der Rechtsschöpfung und Rechtserkenntnis aufgefaßt wird wie das Gesetz." Auch für Nörr ist hiernach die Problemstellung betreffs des Gewohnheitsrechts orientiert am Gesetzesrecht, wenn er es ihm auch nicht gleichstellt, sondern ihm nur die Ähnlichkeit zumißt.

Wie eingangs betont, steht es außer Frage, daß, wenn man das ungesetzte Recht per se als „Gewohnheitsrecht" qualifiziert, das römische Recht der klassischen Zeit im wesentlichen „Gewohnheitsrecht" ist. Den Klassikern ist es auch geläufig, hinsichtlich bestimmter Regelungen davon zu sprechen, daß sie „moribus" eingeführt worden seien[22a]. Dies alles ist unstreitig. Darum geht es aber bei dem Thema „Gewohnheitsrecht und römisches Recht" nicht. Vielmehr ist zu diesem Thema die Frage gestellt, ob die Juristen der klassischen Zeit die consuetudo als Rechtsquelle anerkannt haben, ob sie also die Geltung von „Gewohnheitsrecht" angenommen haben. Es geht hiernach um eine historisch-methodologische Frage, nämlich, welche Stellung die römischen Juristen der klassischen Zeit zu ihrem Recht eingenommen und wie sie ihre Aufgabe als iuris periti verstanden haben.

[21] SZ 84, 1969, 454ff.; Festschr. Felgenträger, 1969, 353ff.; Divisio und Partitio, Bemerkungen zur römischen Rechtsquellenlehre und zur antiken Wissenschaftstheorie, 1972.

[22] Divisio und Partitio S. 2.

[22a] Siehe unten S. 18ff.; zum mos maiorum und seiner Bedeutung für die Verfassung der republikanischen Zeit siehe Kunkel, Kleine Schriften, 1974, S. 367ff.

2. Die Nichterwähnung der consuetudo in den sogenannten Rechtsquellenkatalogen

Die Einteilungen des Rechts, wie sie uns in den isagogischen Schriften von Pomponius, Gaius und Papinian überliefert sind, erwähnen die consuetudo nicht.

Pomponius enchir. D 1, 2, 2, 12
Ita in civitate nostra aut iure, id es lege constituitur, aut est proprium ius civile, quod sine scripto in sola prudentium interpretatione consistit, aut sunt legis actiones, quae formam agendi continent, aut plebiscitum, quod sine auctoritate patrum est constitutum, aut est magistratuum edictum, unde ius honorarium nascitur, aut senatus consultum, quod solum senatu constituente inducitur sine lege, aut est principalis constitutio, id est ut quod ipse princeps constituit pro lege servetur.

Gai Inst 1, 2
Constant autem iura populi Romani ex legibus, plebiscitis, senatusconsultis, constitutionibus principum, edictis eorum qui ius edicendi habent, responsis prudentium.

Papinian 2 defin D 1, 1, 7
Ius autem civile est, quod ex legibus, plebis scitis, senatus consultis, decretis principum, auctoritate prudentium venit.
Ius praetorium est, quod praetores introduxerunt adiuvandi vel supplendi vel corrigendi iuris civilis gratia propter utilitatem publicam; quod et honorarium dicitur ad honorem praetorum sic nominatum.

Nörr hat[22b] gemeint, wenn man sich auf diese Rechtsquellenkataloge beschränke, „so läge es nahe, den römischen Juristen in der Tat die Erfassung des Gewohnheitsrechts als besonderer Rechtsquelle abzusprechen“. Zu diesem Ergebnis hat man aber nach seiner Ansicht nur kommen können, „weil man Zeugnisse für das Gewohnheitsrecht außerhalb der Kataloge übersah oder als unerheblich bewertete“. Die Quellenzeugnisse, die Nörr anführt, waren jedoch sämtlich bereits in die bisherige Diskussion zur Frage des Gewohnheitsrechts im römischen Recht einbe-

[22b] a.a.O. S. 9.

zogen gewesen. Übersehen worden sind sie also nicht. Wie die anderen Quellenzeugnisse zu bewerten sind, ist im einzelnen zu erörtern.

Daß die consuetudo als Rechtsquelle in den Stellen nicht genannt wird, meint Nörr mit der rhetorischen Unterscheidung von divisio und partitio erklären zu können[22c]. In den Katalogen gehe es um die partitio, und da das ius als eine res infinita verstanden worden sei, habe die Aufzählung nicht vollständig zu sein brauchen, und gerade das Gewohnheitsrecht habe fehlen können, weil seine Bedeutung als Rechtsquelle verhältnismäßig gering gewesen sei, indem es in der Regel erst durch seine Transformation in andere Rechtsquellen, vor allem in das Edikt oder in die Responsa, aktualisiert worden sei. Dieser Erklärung dafür, daß die consuetudo in den Katalogen nicht erwähnt wird, ist aus mehreren Gründen nicht zu folgen.

Cicero erwähnt Topica 5,28 ff., sowohl bei der partitio des ius civile wie bei der divisio des ius, den mos. Wenn man die Erwähnung des mos und der consuetudo bei den Rhetoren als Beleg dafür anführt, daß auch die Juristen in klassischer Zeit sich des Gewohnheitsrechts als Rechtsquelle bewußt gewesen seien, wäre es doch seltsam, daß die Juristen anders als die Rhetoren in der angeblichen partitio das Gewohnheitsrecht nicht erwähnen. Von der Unterscheidung der divisio und partitio als Grundlage für die Erklärung der angeführten Stellen von Pomponius, Gaius und Papinian ist aber überhaupt nichts zu halten. Wie Nörr[23] mit Recht bemerkt, hat schon Cicero divisio und partitio in Wirklichkeit miteinander vermengt, und für die Juristen ist schlechterdings nicht darzutun, daß sie in den angeführten Stellen die Einteilung als partitio im Gegensatz zur divisio vorgenommen hätten. Wären die Juristen den Rhetoren gefolgt, so wäre der Bereich des Gewohnheitsrechts auch gar nicht gering, so daß die Nennung der consuetudo nicht hätte unterbleiben dürfen. Rechnet Cicero doch sogar das Edikt dem Gewohnheitsrecht zu (De inv 2, 22, 65 ff.).

Schließlich fehlt auch jeder Anhalt, daß die Juristen das ius für die partitio als eine res infinita angesehen hätten, so daß sie in der partitio einen Teil wie das Gewohnheitsrecht hätten weglassen können. Daß für Cicero bei der Anwendung der partitio das ius eine res infinita sei, soll sich nach Nörr[24] „mit großer Wahrscheinlichkeit" daraus ergeben, daß er Rechtsquellen, die er anderswo als solche nennt, in der Topik ausläßt. Außerdem beruft sich Nörr auf die Stelle De legibus 2, 7, 18 „Leges autem

[22c] a.a.O. S. 45 ff.
[23] Divisio und Partitio S. 39 ff.
[24] a.a.O. S. 47.

a me edentur non perfectae – nam esset infinitum – sed ipsae summae rerum atque sententiae". Daß jedoch die Auslassung in der Topik ebenso wie die Stelle aus De legibus, in welcher Cicero nur sagt, daß er die Leges nicht vollständig wiedergeben werde, „nam esset infinitum" nichts dafür besagen, daß das ius von Cicero für die partitio als res infinita angesehen worden wäre, dürfte evident sein. Nörr selbst verweist zudem darauf, daß Neratius 5 membran von dem ius finitum spricht. Auch mit der Ausflucht von Nörr ist nicht zu helfen, es würde, wenn das ius als finitum anzusehen wäre, das Auslassen der consuetudo in der partitio „einen Kunstfehler darstellen, nicht aber die Struktur der partitio berühren"[25].

Wie schon Pernice[26] und Steinwenter[27] die These vertreten hatten, die Gewohnheit erscheine bis zur klassischen Zeit als rechtserzeugender Faktor im Gewande des prätorischen und Juristenrechts, so spricht Nörr[28] davon, daß das Gewohnheitsrecht erst durch seine Transformation in andere Rechtsquellen, vor allem in das Edikt oder die responsa, aktualisiert worden sei. Lassen wir zunächst einmal dahingestellt, was es mit der angeblichen Transformation des Gewohnheitsrechts in die anderen Rechtsquellen auf sich hat, so ist zu fragen, was nach der Transformation in Edikts- und Responsenrecht dann für das eigentliche Gewohnheitsrecht an Rechtsstoff noch übrig bleibt. Im ius civile der Römer wäre jedenfalls für ein Gewohnheitsrecht kein Platz mehr. Es wäre nur noch an Provinzialrecht zu denken. Betrachten wir aber das Thema des Gewohnheitsrechts als ein solches der Methode der römischen Juristen[29], so kommt es nicht auf das Provinzialrecht an, vielmehr geht es um die Betätigung der Juristen im ius civile, nach den Worten des Pomponius in D 1, 2, 2, 12 um das proprium ius civile, quod sine scripto in sola prudentium interpretatione consistit.

Mayer-Maly[30] hat als Erklärung für das Fehlen der consuetudo in den drei Juristenkatalogen vorgebracht, daß diese Kataloge in erster Linie oder vielleicht sogar allein vom geschriebenen Recht sprächen und deshalb die consuetudo nicht zu erwähnen gewesen sei. Es geht jedoch in allen drei Texten um eine Bestandsaufnahme der Gesamtheit des Rechts. Ganz abgesehen davon, ob die Phrase vom ius scriptum und non scriptum in die juristischen Schriften überhaupt erst in nachklassischer Zeit ein-

[25] a.a.O.
[26] SZ 20, 127ff.
[27] Stud. Bonfante II, 437.
[28] a.a.O. S. 48.
[29] So auch Nörr a.a.O. S. 2.
[30] Gnomon 41, 1969, 383ff.

gedrungen ist[31], ist die Vermutung von Mayer-Maly für die fraglichen Stellen ohne Fundierung. Bei Gaius kommt die Unterscheidung von ius scriptum und non scriptum überhaupt nicht vor. Läßt man die Unterscheidung von ius scriptum und non scriptum in den Pomponius-Stellen D 1, 2, 2, 5 und 12 gelten, so wird hier, wie es anders sinnvollerweise auch nicht sein kann, das Juristenrecht dem ius non scriptum zugewiesen. Wenn Mayer-Maly demgegenüber seine These damit begründen will, daß die responsa prudentium in klassischer Zeit wohl alle schriftlich niedergelegt seien und so das Juristenrecht dem ius scriptum zuzurechnen sei, so ist dem nicht zu folgen. Es bleibt also festzuhalten, daß die drei angeführten Kataloge von einem Gewohnheitsrecht als einem Bestandteil des Rechts nichts wissen.

Von Mayer-Maly ist ferner die Modestin-Stelle D 1, 3, 40 in die Diskussion zum Gewohnheitsrecht eingeführt worden[32].

D 1, 3, 40 Modest 1 reg
Ergo omne ius aut consensus fecit aut necessitas constituit aut firmavit consuetudo.

Mayer-Maly gibt zwar selbst zu, in der Modestin-Stelle sei „consuetudo nicht einfach auf das umstrittene Gewohnheitsrecht zu beziehen". Er meint jedoch, es lasse „sich zumindest nicht ausschließen", daß „die das ius konstituierende consuetudo dem Gewohnheitsrecht nahekommt". Modestin spricht aber nicht von einer das ius konstituierenden consuetudo, sondern von einem „firmare", was etwas ganz anderes ist. Man mag mit Mayer-Maly wohl von der consuetudo auch für die Römer als einem „inneren Rechtsfaktor" reden, wenn dies nicht mehr besagen soll, als in der unpräzisen Formulierung der Modestin-Stelle wirklich steht, daß nämlich das ius durch die consuetudo „firmatur".

3. Die Nichtanerkennung der Kategorie des Gewohnheitsrechts als Wesensmerkmal der Jurisprudenz der römischen Klassiker

Für die These, daß die römischen Klassiker nicht die Kategorie des Gewohnheitsrechts für ihr Recht anerkannt haben, ist, wie Mayer-Maly[33] mit Recht angenommen hat, die wichtigste Frage die nach dem Grunde

31 Siehe Zit. bei Kaser, Röm.PrR II § 196 N. 24.
32 Gnomon 41, 1969, 385; Stud. Grosso I, 179ff.
33 Gnomon 41, 1969, S. 384.

für die Nichtanerkennung. Das ius, soweit es nicht positiviert ist, sondern wie es in der Pomponius-Stelle richtig heißt, in sola prudentium interpretatione consistit, ist in seiner Existenz für die römischen Juristen selbstverständlich. Die Meinungen der Juristen bedürfen keiner weiteren Approbation, insbesondere bedürfen sie als ius nach ihrer Ansicht nicht der Legitimation durch die consuetudo. Die Selbstverständlichkeit, mit welcher die Existenz des nicht positivierten und nur in den Meinungen der Juristen in Erscheinung tretenden ius von den Juristen hingenommen wird, findet besonders seinen Ausdruck in den Sentenzen des „hoc iure utimur“[34] oder des „alio iure utimur“[35], mit welchen in zahlreichen Stellen von den Juristen das geübte Recht im Gegensatz zu anderen Rechtsmeinungen oder früheren Rechtszuständen festgestellt wird. Zum ius gehören die Meinungen und Entscheidungen der Juristen, gleich, ob es sich um herrschende Meinungen oder Sondermeinungen oder einen Widerstreit von Meinungen handelt, der selbst über lange Zeit unausgeglichen bleibt. Die Aussagen der Juristen der klassischen Zeit über das nicht positivierte Recht sind auch selbst nicht positiviert. Gerade wenn man sieht, welche Schwierigkeiten es uns zum geltenden Recht macht, die in Wissenschaft und Rechtsprechung vertretenen Meinungen, das „hoc iure utimur“, in Fragen, die vom Gesetz nicht geregelt sind, in die Rechtsquellenlehre einzuordnen, und wie man, um einen positiven Anhalt für die rechtliche Entscheidung zu haben, bis in die neueste Zeit immer wieder seine Zuflucht zum „Gewohnheitsrecht“ nimmt, ist es faszinierend, daß für die römischen Juristen nach ihrem Verständnis vom Recht und ihrer Berufung als dessen Interpreten ein Bedürfnis nach einer Rechtsquellen-Legitimation für das Juristenrecht gar nicht besteht.

Es gibt geradezu keine gröbere Verkennung des Wesens der Jurisprudenz der römischen Klassiker, als wenn man diesem Juristenrecht das Attribut als Gewohnheitsrecht im Sinne der modernen Rechtsquellenlehre imputiert. Das Juristenrecht bedarf für die römischen Juristen keiner Legitimation durch eine Rechtsquelle, und ganz zweifellos gilt es nach ihrem Verständnis nicht als Gewohnheitsrecht. Selbst nach der justinianischen Kompilation gilt das Juristenrecht nicht als Gewohnheitsrecht. Vielmehr gelten nun die Juristenschriften als positivierte Rechts-

[34] Siehe z. B. Gai Inst 2, 195, D. 30, 114, 4 Marcian 8 inst., D 47, 2, 41, 3 Ulp 41 Sab (et ita utimur).

[35] Siehe Gai Inst 2, 154; 3, 179; 4, 163; D 32, 85 Pomp 2 Quint Muc; D 35, 1, 71, 2 Pap 17 quaest; D 19, 2, 13, 11 Ulp 32 ed; D 39, 2, 15, 30 Ulp 53 ed; D 2, 9, 2 pr Paul 6 ed; D 42, 1, 21 Paul 6 Plaut.

sätze, als welche sie auch in der europäischen Rechtsentwicklung hingenommen worden sind.

Scheidet das Juristenrecht, das ius, das im Gegensatz zu den Erscheinungsformen des gesetzten Rechts nach den Worten der Pomponius-Stelle „sine scripto in sola prudentium interpretatione consistit", für eine Zurechnung zum Gewohnheitsrecht aus, so fehlt es für die Ansicht, daß die Juristen der klassischen Zeit das Gewohnheitsrecht als Rechtsquelle bejaht hätten, hinsichtlich des ius civile an einem Bereich, für welchen das Gewohnheitsrecht sich hätte verwirklichen können.

Nörr[36] hat gemeint, bis in das erste Jahrhundert der Kaiserzeit bestehe die ganze Rechtsordnung mit Ausnahme der wenigen leges aus einem Material, das man nach der immer noch modernen Rechtsquellenlehre nur dem Gewohnheitsrecht zuschreiben könnte. Diese Ansicht geht davon aus, daß das ungesetzte Recht nur als Gewohnheitsrecht einzuordnen ist und als solches dem Gesetzesrecht gleich steht. Das prätorische Edikt wäre bei dieser Argumentation noch als positive Satzung den leges zuzuordnen. Was dagegen das sonstige „Material" der Rechtsordnung, d. h. den Bereich des Juristenrechts, anbetrifft, so wäre dafür nach dem Verständnis des Juristenrechts durch die römischen Klassiker in der herrschenden modernen Rechtsquellenlehre, welche das Gewohnheitsrecht als positivistische, wenn auch nicht in einer Satzung gefaßte Ordnung dem gesetzten Recht gleichstellt, überhaupt kein Platz, wie ja die herrschende moderne Rechtsquellenlehre mit diesem Material, wenn es nicht zum Gewohnheitsrecht positiviert ist, auch für die Gegenwart nichts anzufangen weiß. Nörr[37] hat als „etwas prononciert gesagt" formuliert: „Da fast die ganze Rechtsordnung mit dem Gewohnheitsrecht identisch ist, lag die Versuchung sehr ferne, eine besondere Lehre vom Gewohnheitsrecht zu entwickeln."

Ähnlich hatte schon Levy[38] in der Diskussion zu dem Vortrag von Fritz Schulz auf dem Jenaer Rechtshistorikerkongreß 1932 argumentiert. Nach der damaligen Äußerung von Levy haben die Römer fast nur Gewohnheitsrecht gehabt, wobei Levy das Edikt wie die responsa prudentium als Rechtsquellen dem Gewohnheitsrecht einordnete. Neben der Würdigung dieser Quellen hat nach der damaligen Äußerung von Levy in klassischer Zeit nur das Bedürfnis für eine zusammenfassende Theorie

[36] Festschr. Felgenträger S. 356.

[37] a.a.O.

[38] Siehe den Bericht von Seidl, SZ 53, 643; in BIDR 62, 1959, S. 5 bekennt sich Levy dagegen zu der Ansicht, daß den klassischen Juristen ein Gewohnheitsrecht fremd gewesen sei.

des Gewohnheitsrechts gefehlt. Demgegenüber ist es so, daß, weil der Rechtsraum, abgesehen von den wenigen Gesetzen durch das Edikt und das in der interpretatio der Juristen bestehende ius civile ausgefüllt war, für ein Gewohnheitsrecht und erst recht eine Theorie des Gewohnheitsrechts kein Raum war.

So ist es nur selbstverständlich, daß in den Juristenkatalogen von der consuetudo als Bestandteil des Rechts nicht die Rede ist. Dem entspricht es auch, daß in den Quellen niemals die Entscheidung mit der consuetudo als Rechtsquelle begründet wird. Die Selbstverständlichkeit des „hoc iure utimur" ist für die Juristen der klassischen Zeit auf die Krücke des Gewohnheitsrechts nicht angewiesen. Die auch bei den Juristen übliche Berufung der mores maiorum hat nichts mit der Annahme eines Gewohnheitsrechts zu tun, so wenn die Institutionen des Gaius mit der Formulierung beginnen: „Omnes populi, qui legibus et moribus reguntur."

Nörr meint[39], wer den römischen Juristen die Erkenntnis des Gewohnheitsrechts als Rechtsquelle abspreche, müsse für alle Stellen, in denen von der Einführung eines Rechtsinstituts moribus die Rede sei, mit radikalen Interpolationsannahmen oder mit Umdeutungen arbeiten. Dem ist nicht zu folgen. Sicher beruhte z. B. die patria potestas auf den mores maiorum. Der Rechtszustand der patria potestas bedurfte für die Gegenwart der Klassiker aber nicht mehr der Legitimation durch die consuetudo als Rechtsquelle. Wenn von den Juristen auf die mores als Entstehungsgrund des ius hingewiesen wird, so handelt es sich um eine lehrhafte Unterrichtung über die Herkunft des Rechts, nicht aber um einen gegenwärtigen Geltungsgrund, dessen das mit Selbstverständlichkeit geübte ius nicht bedarf. So erklären sich Stellen wie Gai Inst 3, 82; 4, 26 oder die Pomponius-Stelle D 23, 2, 8[40], wenn der Satz „quia hoc ius moribus, non legibus introductum est" nicht zu streichen ist. Kennzeichnend für die Anführung der mores, denen das Recht entspricht oder aus welchen das Recht entstanden ist, ist

D 27, 10, 1 pr Ulp 1 Sab[41]:
Lege duodecim tabularum prodigo interdicitur bonorum suorum administratio, quod moribus quidem ab initio introductum est. sed solent hodie praetores vel praesides, si talem hominem invenerint, qui neque tempus neque finem expensarum habet, sed bona sua dilacerando et

[39] Divisio S. 18.
[40] Siehe auch die Paulus-Stelle D 23, 2, 39, 1.
[41] Siehe auch Paul. Sent. 3, 4a, 7; Moribus per praetorem bonis interdicitur hoc modo . . .

dissipando profudit, curatorem ei dare exemplo furiosi: et tamdiu erunt ambo in curatione, quamdiu vel furiosus sanitatem vel ille sanos mores receperit: quod si evenerit, ipso iure desinunt esse in potestate curatorum.

Beispielhaft ist auch die Anführung des mos nostrae civitatis in D 29, 2, 8 pr Ulp 7 Sab dafür, daß der pupillus sine tutoris auctoritate nicht verpflichtet werden kann, oder wenn es in D 24, 1, 1, Ulp 32 Sab zum Verbot der Ehegattenschenkung heißt: „Moribus apud nos receptum est, ne inter virum et uxorem donationes valerent."

Es bedarf nicht der Interpolationsvermutungen, um diese Stellen als Belege für das Gewohnheitsrecht auszuschalten. Zu D 27, 10, 1 pr ist nicht mit Kaser[42] zu räsonieren, es sei „nicht glaubhaft, daß Ulpian... sich des vordezemviralen Rechts erinnert haben könnte". Mit Recht hat Solazzi[43] zu D 27, 10, 1 pr hervorgehoben, man hätte zu vielen anderen prätorischen Regelungen schreiben können, daß sie „moribus" eingeführt worden seien.

Schon Pernice[44] hat allgemein auf den mittelbaren Einfluß der consuetudo" als Grundlage der Edikte, des ius gentium, der Richtersprüche und der Rechtsgutachten" hingewiesen. Es ist kein Zweifel, daß die römischen Juristen die nicht auf eine positive Rechtssatzung zurückzuführenden Rechtsinstitute, wie die patria potestas oder die verschiedenen Rechtsgeschäfte, nicht als ihre Schöpfung angesehen haben. Dieses ius sehen sie vielmehr als ihnen vorgegeben an, dessen interpretatio allerdings ihnen obliegt. So ist es nicht verwunderlich, wenn davon die Rede ist, daß das ius in seiner Entstehung auf die consuetudo zurückgeht, wie es in D 27, 10, 1 pr heißt: „moribus ab initio introductum est", ohne daß seine gegenwärtige Geltung auf die consuetudo als Rechtsquelle zurückgeführt wird. Das Recht in seiner gegenwärtigen Existenz bedarf keiner Geltungsgrundlage. Für die Juristen genügt die Feststellung: „hoc iure utimur."

Wie das „hoc iure utimur" für die Juristen keiner Positivierung bedarf, so gilt das gleiche für die desuetudo. Die Juristen nehmen die desuetudo hin, ohne daß die desuetudo als eine derogierende Rechtsquelle verstanden würde. Wenn es in Gai 1, 111 betreffs einer Regelung der 12 Tafeln für die Nichtbegründung der manus-Gewalt heißt: „sed hoc totum ius partim legibus sublatum est, partim ipsa desuetudine oblitteratum est", so wird die desuetudo nicht der lex als Rechtsquelle gleichgestellt. Viel-

[42] SZ 59, 1939, 87.
[43] Stud. Bonfante 1, 60.
[44] SZ 22, 1901, 61.

mehr ist die simple Feststellung, daß das ius teilweise durch Gesetz aufgehoben und teilweise durch desuetudo in Vergessenheit geraten ist, gerade ein Beweis für die Unterschiedlichkeit der desuetudo, welche die oblitteratio bewirkt, gegenüber dem Gesetz, das ein bestehendes Gesetz abrogiert. Mit Recht ist darauf hingewiesen worden, daß, abgesehen von der nach ganz überwiegender Ansicht als verfälscht erachteten Julian-Stelle D 1, 3, 3, 2, niemals davon die Rede ist, daß das Gesetz durch die desuetudo „abrogiert" sei[45].

In D 9, 2, 27, 4 Ulp 18 ed wird mit der gleichen Selbstverständlichkeit[46] wie in Gai 1, 111 von der desuetudo betreffs des zweiten Kapitels der lex Aquilia gehandelt. Die Stelle ist zwar als interpoliert verdächtigt worden[47], weil Gaius in Inst 3, 215, 216 das zweite Kapitel der lex Aquilia noch behandelt. Auch Gaius meint jedoch schon, daß die Begründung der Schadensklage in dem Gesetz nicht notwendig sei, weil die Mandatsklage genüge. Die Interpolation ist keineswegs zweifellos[48], jedenfalls handelt die Stelle nur von der faktischen desuetudo[48a].

Die oft erörterte Frage, ob die Regelung, die durch die desuetudo nicht wie durch ein Gesetz „abrogiert", sondern nur in Vergessenheit geraten ist, noch potentielle rechtliche Geltung hat[49], ist von den Römern nicht gestellt worden, und sie ist auch für die historische Betrachtung nicht zu stellen. Für die Klassiker geht es betreffs des in desuetudinem gelangten Rechts nur um die schlichte Feststellung des „hoc iure non utimur". Wie hätte Gaius wohl auch auf den Gedanken kommen sollen, daß die Ersitzungsunterbrechung betreffs der manus durch das trinoctium (Inst I, 111) als Recht wieder zur Anwendung kommen oder das ius gentilicium (Inst III, 17) wieder aufleben könnte oder die Testamente calatis comitiis oder in procinctu (Inst II, 103) wieder in Gebrauch kommen könnten[50]. Auch wenn man die desuetudo wie die consuetudo nicht als Rechtsquelle wie das Gesetz, sondern eben als desuetudo versteht, war allerdings für die römischen Juristen der durch die desuetudo für das

[45] Vgl. Thomas, RIDA 12, 1965, 478.

[46] Noch deutlicher wird dies in der Formulierung von Inst 4, 3, 12; caput secundum legis Aquiliae in usu non est.

[47] Kaser, RPrR II, § 274 N. 5; Pernice, SZ 22, 1901, 76 N. 3; Solazzi Scr III, 281; Bonfante, Storia³, 2, 141.

[48] Pernice a.a.O. gibt nur die Interpolationsvermutung von Schmidt, Gewohnheitsrecht S. 22 N. 4 wieder. Der Ausdruck „capitulum" statt „caput" besagt entgegen Solazzi a.a.O. nichts für die Unechtheit der Stelle.

[48a] So auch Solazzi a.a.O.

[49] Siehe Schmiedel, Consuetudo S. 99 u. N. 12 Zit.

[50] Richtig Schmiedel a.a.O. S. 100; nicht zu folgen ist Mayer-Maly a.a.O. S. 388, zu Gai 1,111; 2,101ff.; 3,17.

Zivilrecht bewirkte Rechtszustand der gleiche wie im Fall der abrogatio durch ein Gesetz. Die bereits erwähnte Anekdote betreffs der lex Genucia sollte daran nicht irremachen.

Das Fehlen jedweder Positivierung ist das Hauptmerkmal des Juristenrechts für die gesamte Zeit bis zum Ende der Klassik, und so war auch für die consuetudo als Positivierung des Rechts in dem Denken der römischen Klassiker kein Raum. Weder galt das Juristenrecht kraft consuetudo als Rechtsquelle, noch gab es neben dem Juristenrecht eine consuetudo als Rechtsquelle. Savigny hat[51], wie Fritz Schulz[52] sagt, das Wesen der Klassiker „fein und behutsam" mit den Worten geschildert: „Die Begriffe und Sätze ihrer Wissenschaft erschienen ihnen nicht wie durch ihre Willkür hervorgebracht, es sind wirkliche Wesen, deren Dasein und deren Genealogie ihnen durch langen vertrauten Umgang bekannt geworden ist." Bei einem solchen Verhältnis des Juristen zum Recht ist es selbstverständlich, daß die consuetudo als solche nicht Rechtsquelle sein kann.

Das Selbstverständnis der Juristen gegenüber dem ius hat sich auch nicht in der Zeit vom Ende der Republik bis zum Ende der Klassik verändert. Insbesondere deutet nichts darauf hin, daß das ius respondendi oder die nach Gai Inst 1,7 – wobei hier dahinstehen mag, was von diesem Bericht zu halten ist – durch Hadrian begründete Bindung an die übereinstimmenden Responsen zu einem anderen Verständnis der Juristen bezüglich ihres Verhältnisses zum ius geführt hätte[53]. Man mag die Sätze der Pomponius-Stelle D 1, 2, 2, 13 ruhig gelten lassen: „quantum est enim ius in civitate esse, nisi sint, qui iura regere possint? – constare non potest ius, nisi sit aliquis iuris peritus per quem possit cottidie in melius produci." Es ist ferner sicher richtig, wenn es in dem bereits vorstehend öfter angeführten § 12 eod für das ius civile heißt: in sola prudentium interpretatione consistit. Deshalb verstehen sich die Juristen, so schöpferisch sie auch gewesen sind, aber nicht so, als ob sie von sich aus das Recht schüfen, ungeachtet der Phrase des „iura condere" bei Gaius (Inst 1,7; 4, 30).

Die Formel des „hoc iure utimur" ist kein Beleg dafür, daß sich der Charakter der Juristenmeinungen vom Ende der Republik bis zur zweiten Hälfte des zweiten Jahrhunderts von einer Rechtserkenntnisquelle zur Rechtsquelle gewandelt hätte. Das ius bleibt – abgesehen von den posi-

[51] Vom Beruf unsrer Zeit für Gesetzgebung und Rechtswissenschaft 3. Aufl., 1840, S. 29.

[52] Prinzipien S. 24.

[53] So eine der Hauptthesen des Buches von Filippo Gallo, Interpretazione e formazione consuetudinaria del diritto, Torino 1971.

tivierten Rechtssätzen durch leges und Edikte – den Juristen bis zum Ende der Klassik unpositiviert vorgegeben[54]. Deshalb gibt es für sie, wie Andreas B. Schwarz[55] so meisterhaft dargestellt hat, kein ius controversum oder ambiguum oder dubium. Es gibt vielmehr nur einen Streit darüber, welche Aussage die „richtige" ist, quod verum oder verius est. Es gehören aber alle Aussagen der iuris periti zum ius, nicht nur die, welche sich durchgesetzt haben[56]. Wenn Gaius beim Vorhandensein unterschiedlicher Meinungen sagt „hoc iure utimer", so handelt es sich wirklich nur um die Feststellung, daß dieses Recht angewandt wird, nicht aber ist nach dem Sinn dieser Formel das ius erst dadurch entstanden, daß die betreffende Entscheidung von den Juristen in übereinstimmender Lehrmeinung vertreten wird[57]. In der Wirkung war die feststehende Juristenmeinung allerdings dem gesetzten Recht gleich[58]. Als „Rechtsquelle" unterschied sich die Juristenmeinung von dem gesetzten Recht durch das Fehlen der Positivierung. Die Eigenart des Juristenrechts als eines seinem Wesen nach unpositivierten Rechts wird besonders gut veranschaulicht durch den Bericht des Gaius in Inst 1, 7 über das Edikt des Hadrian und noch in nachklassischer Zeit durch das sogenannte Zitiergesetz von 426. Noch die Auszählung der Stimmen nach dem Zitiergesetz ist ein Beleg dafür, daß die Juristenmeinungen grundsätzlich gleich gewertet wurden als Aussagen über das Recht. Es gibt kein Quellenzeugnis, daß die communis opinio in ihrem Wesen anders verstanden worden wäre als die sich widerstreitenden Meinungen. Nur konnte man bei communis opinio sagen: hoc iure utimur.

In positivierter Satzung ist von consuetudo bis zum Ende der klassischen Zeit nur die Rede betreffs provinzialer Verhältnisse. Ein Kardinalbeleg ist die zum Thema Gewohnheitsrecht viel berufene[59] lex Antonia de Termessibus vom Jahre 71 v. Chr. mit der Garantie für die Einwohner von Termessus Maior in Pisidien[60]: „Quae leges quodque ious quaeque consuetudo L Marcio Sex Julio cos inter civis Romanos et Termenses maiores Pisidas fuit, eaedem leges eidemque ious eademque consuetudo inter ceives Romanos et Termenses maiores Pisidas esto."

[54] So Wieacker, SZ 85, 1968, 489 N. 1.
[55] Festschr. Fritz Schulz, II, 201ff., 210
[56] Siehe Fritz Schulz, Prinzipien S. 10.
[57] So Wieacker a.a.O.
[58] Siehe auch Luigi Lombardi, Saggio sul diritto guiurisprudenziale, 1967, S. 67.
[59] Siehe Kaser, RömPrR I § 48 N. 20; Gioffredi, SDHI 13/14, 1947/48, S. 80; Schiller Bull. 45, 349, Gabrio Lombardi, SDHI 18, S. 34 f.; Broggini, Coniectanea S. 58ff.; Bove, Consuetudine S. 52; Nörr, Divisio S. 14.
[60] FIRA I, Leges rogatae N. 11; Brus, Fontes I, 92ff.

In der Interpretation der lex dürfte Gabrio Lombardi[61] zu folgen sein, daß für die Beziehungen der Römer und Termesser der Gesamtstatus, der nach Gesetz, Recht und Herkommen bisher zwischen ihnen bestanden hat, für die Zukunft garantiert wird. Gleiches gilt für die Formel „*νόμοι, ἔθη* bzw. *ἐθισμοί* und *δικαίοι*“ in dem Senatusconsultum für Chios vom Jahre 80 v. Chr.[62] und dem Senatusconsultum für Stratonikeia vom Jahre 81 v. Chr.[63]. Nach Nörr[64] wird dagegen in diesen Gesetzgebungsakten das Gewohnheitsrecht „als Rechtsquelle dem Gesetz gleichgestellt“. Die Nebenordnung von leges, ius und consuetudo läßt nach Nörr „mit großer Wahrscheinlichkeit den Rechtscharakter der consuetudo vermuten“. Daraus soll sich dann mit großer Sicherheit ergeben, daß den Römern bereits in republikanischer Zeit die Kategorie „Gewohnheitsrecht“ bekannt gewesen sei. Demgegenüber hat jedoch schon Broggini[65] mit Recht darauf hingewiesen, daß es anachronistisch sei, dem Gesetzgeber der lex de Termessibus die Kenntnis des abstrakten Problems der Rechtsquellenlehre zu imputieren. Wenn die Römer jedoch für irgend etwas Verständnis hatten, so für die mores und die consuetudo. Wenn sie also den Termessern ihren bisherigen Status garantieren wollten, war es eigentlich selbstverständlich, daß sie ihnen die Beibehaltung ihres Herkommens gewährleisteten, ohne daß dadurch die consuetudo als solche zur Rechtsquelle erhoben wurde.

Die Problematik der consuetudo ist für die römischen Juristen der klassischen Zeit hinsichtlich der Provinzialverhältnisse eine grundsätzlich andere als hinsichtlich des römischen Rechts. Einerseits bestand die lokale Ordnung in den Provinzen nicht nur aus positiven Satzungen, andererseits gab es aber, um die Formulierung von D 1, 2, 5 zu gebrauchen, für die Provinzialverhältnisse auch kein „ius quod sine scripto venit compositum a prudentibus“. So versteht es sich, daß für die Römer bezüglich der Provinzialverhältnisse anders als für ihr eigenes Recht die positiven Satzungen durch die consuetudo ergänzt wurden[66]. Dabei ist die Frage, ob es sich um eine nur faktische Gewohnheit oder um ein Gewohnheitsrecht handelte, gar nicht aufgetaucht[67].

Für den römischen Beamten ging es darum, ob er bei seiner Entschei-

[61] a.a.O. S. 34.
[62] C. J. Gr. 2 N. 2222; Sherk, Roman Documents from the Greek East, 1969, Nr. 70, 14ff.
[63] Dittenberger, OGIS 2, 441 p. 14ff.
[64] Divisio S. 11.
[65] Coniectanea S. 59 in der Kritik gegenüber Gioffredi.
[66] Siehe Thomas, RIDA 12, 1965, 470.
[67] Siehe gegen Schmiedel auch Gaudemet, Jura 17, 1967, 234.

dung die besondere provinziale consuetudo tolerierte. Daß die lokale consuetudo nicht eine römische lex abrogieren, d. h. außer Geltung setzen konnte, mit der Folge, daß der Beamte an die consuetudo anstatt an das Gesetz gebunden war, ist selbstverständlich. Die Tatsache, daß von den römischen Beamten die provinziale consuetudo in Ergänzung des gesetzten Rechtes beachtet wurde, läßt schließlich keinen Rückschluß darauf zu, daß in klassischer Zeit von den römischen Juristen auch ihr eigenes ungesetztes Recht, nämlich das ius, quod in sola prudentium interpretatione consistit, als consuetudo eingeordnet worden wäre.

4. Stellungnahmen der Kaiser in klassischer Zeit zur consuetudo in provinzialen Verhältnissen

Mehrere Quellenzeugnisse außerhalb der justinianischen Überlieferung liegen aus klassischer Zeit dafür vor, daß sich die Kaiser mit der consuetudo in provinzialen Verhältnissen beschäftigt haben. Kaiser Claudius gewährt[68] den Anaunern das römische Bürgerrecht, cum longa usurpatione in possessionem eius fuisse dicatur. Selbstverständlich konnte für den Kaiser nicht einmal der Gedanke aufkommen, daß die Anauner durch „Gewohnheitsrecht" das römische Bürgerrecht erlangt hätten. Claudius sagt aber: „patior eos in eo iure, in quo esse se existimaverunt, permanere beneficio meo." Kraft des kaiserlichen Beneficiums erhalten die Anauner das Bürgerrecht.

Von Naphtali Lewis[69] ist die epistula Domitians[70] an einen procurator betreffend die Requisition von Transportleistungen und Quartier in die Diskussion zum Thema des Gewohnheitsrechts eingeführt worden. Nach Lewis[71] begründen die Zeilen 14–17 des Briefes die offizielle Anerkennung seitens der kaiserlichen Kanzlei, daß langdauernde consuetudo Gesetzeskraft erlangen kann.

μένει γὰρ μέχρι νῦν παλαι ⟨ὰ⟩ καὶ εὔτονος συνήθεια κατ ολίγον χωροῦσα εἰς νόμον εἰ μὴ ἰσχύε⟨ιν⟩ κωλυθείη δυνάμει.

Nörr[72] ist etwas zurückhaltender als Lewis. Er meint, es sei „zu betonen, daß die Kritik am Gewohnheitsrecht eher resignative Züge trägt,

[68] FIRA I, S. 417ff.
[69] RIDA 15, 1968, 135ff.
[70] SEG 17 (1960) Nr. 755; Lewis a.a.O. S. 137; d'Ors, SDHI 26, 1960, S. 506.
[71] a.a.O. S. 139; siehe ebenso Bove, Consuetudine S. 75.
[72] Divisio S. 15; siehe auch Bove a.a.O.

so daß zwar noch nicht der systematische Einbau der Gewohnheit als Rechtsquelle, doch ihre (topische) Berücksichtigung je nach Sachlage angedeutet wird". Von „resignativen Zügen" kann allerdings in dem Brief keine Rede sein. Im Gegenteil, der Kaiser stellt nur fest, daß der Brauch sich verfestigt, wenn ihm nicht Einhalt geboten wird. Deshalb ergeht sein Befehl, daß ohne seine Erlaubnis keine Requisitionen erfolgen dürfen. Von der Anerkennung eines Gewohnheitsrechts durch Domitian entgegen dem kaiserlichen Befehl, das den kaiserlichen Befehl abrogieren würde, kann selbstverständlich keine Rede sein. Der Kaiser kennt aber seine „Pappenheimer" und weiß, daß die consuetudo der Requisition, wenn man sie gewähren läßt, so ausgeübt wird, als ob sie Rechtens wäre. Wenn Nörr[73] in Ergänzung zu der epistula Domitians für die Durchsetzungskraft der „schlechten Gewohnheit" auf das frag de iure fisci 8 verweist[74], so ist es sicher kein Beleg für die Anerkennung eines Gewohnheitsrechts, wenn der Autor des Fragments rügt, daß das Edikt des Augustus zu Unrecht auf Provinzialgrundstücke angewandt worden sei.

Eine besondere Rolle spielt in der Diskussion zu der Frage des Gewohnheitsrechts im römischen Recht der Briefwechsel zwischen Plinius und Trajan, Buch 10, 114 und 115, und zwar wird dieser Briefwechsel als Beleg sowohl für die Bejahung wie die Verneinung der Anerkennung des Gewohnheitsrechts zur Zeit des Trajan in Anspruch genommen.

Buch 10, 114
Lege, domine, Pompeia, permissum ⟨est⟩ Bithynicis civitatibus adscribere sibi quos vellent cives dum ne quem earum civitatium quae sunt in Bithynia. Eadem lege sancitur, quibus de causis e senatu a censoribus eiciantur. Inde me quidam ex censoribus consulendum putaverunt, an eicere deberent eum, qui esset alterius civitatis. Ego, quia lex sicut adscribi civem alienum vetabat, ita eici e senatu ob hanc causam non iubebat, praeterea quia ab aliquibus adfirmabatur mihi, in omni civitate plurimos esse buleutas ex aliis civitatibus, futurumque ut multi homines multaeque civitates concuterentur ea parte legis, quae iampridem consensu quodam exolevisset, necessarium existimavi consulere te, quid servandum putares. Capita legis his litteris subieci.

[73] Divisio S. 15.
[74] FIRA 1, 628, siehe dazu Marini Avonzo, I limiti alla disponibilità della „res litigiosa" nel diritto romano, 1967 S. 317ff.

Buch 10, 115

Merito haesisti, Secunde carissime, quid a te responderi oporteret censoribus consulentibus, an legerent in senatum aliarum civitatium, eiusdem tamen provinciae cives. Nam et legis auctoritas et longa consuetudo usurpata contra legem in diversum movere te potuit. Mihi hoc temperamentum eius placuit, ut ex praeterito nihil novaremus, sed manerent quamvis contra legem adsciti quarumcunque civitatium cives, in futurum autem lex Pompeia observaretur; cuius vim si retro quoque velimus custodire, multa necesse est perturbari.

Entgegen einer lex Pompeia aus dem Jahre 63 a. Chr.[75] waren über längere Zeit Bürger anderer Städte von Bithynien als Bouleuten in die Ratsversammlungen bithynischer Städte aufgenommen worden. Plinius wird von einigen Zensoren befragt, ob sie einen entgegen der lex Pompeia aufgenommenen Bouleuten aus der Ratsversammlung ausschließen müßten. Plinius fragt Trajan, was nach seiner Ansicht zu tun sei. Trajan entscheidet, die entgegen der lex Pompeia Aufgenommenen sollten bleiben, in futurum autem lex Pompeia observaretur.

Puchta[76] hat daraus, daß Trajan das Zögern des Plinius als berechtigt anerkennt, gefolgert, daß Trajan für die lex und das Gewohnheitsrecht die gleiche Gültigkeit als Rechtsquellen allgemein anerkannt habe. Zu dem Satz des Trajan-Briefs, daß Plinius allerdings zwischen der legis auctoritas und der longa consuetudo usurpata contra legem habe schwanken können, sagt Puchta: „Wenn das Gewohnheitsrecht schlechterdings und überhaupt dem gesetzlichen nachstünde, so würde jenes Schwanken ganz unbegründet gewesen sein." Pernice[77] versteht den Briefwechsel zwischen Plinius und Trajan dagegen so, daß sie beide die Nichtanwendung der lex Pompeia nicht als entscheidend ansehen. In der von Puchta berufenen Phrase „et legis auctoritas et longa consuetudo usurpata contra legem in diversum te movere potuit" meint Pernice[78], „er möchte eher darin einen höflichen Wink finden, Plinius habe das Gesetz eigentlich rücksichtslos anwenden müssen". Vielfach ist – so von Solazzi[79] und Lombardi[80] – der Briefwechsel Plinius/Trajan als Beleg dafür herangezogen worden, daß in klassischer Zeit ein das Gesetzesrecht derogierendes

[75] Siehe Rotondi, Leges publicae, S. 492.
[76] Gewohnheitsrecht I S. 89.
[77] SZ 20, 1899, 150ff.
[78] a.a.O. S. 151 N. 1.
[79] Scr. III, 275ff.
[80] SDHI 18, 1951, 21ff., 35ff.; siehe auch Schiller, BIDR 45, 1938, 353; Steinwenter, Labeo 4, 1958, 132.

Gewohnheitsrecht nicht anerkannt worden sei. Neuerdings hat Schmiedel[81] den Briefwechsel so interpretiert, daß Plinius die consuetudo als Gewohnheitsrecht im Sinne der Lehre der Rhetoren verstanden habe, während Trajan von der consuetudo nur als einer tatsächlichen Gewohnheit handle, also nicht die rhetorische Vorstellung aufnehme, die Plinius mit „consensu quodam" und „iam pridem" angedeutet habe[82]. Mit Recht hat demgegenüber jedoch Gaudemet[83] diese These des unterschiedlichen Verständnisses des Begriffs der consuetudo durch Plinius und Trajan verworfen.

Nach Nörr, der sich wiederholt mit dem angeführten Briefwechsel zwischen Plinius und Trajan befaßt hat[84], sollen die Texte sich nur verstehen lassen, „wenn man die consuetudo dort topisch, nicht systematisch interpretiert". Nörr meint[85], Trajan benutze „lex und consuetudo als grundsätzlich gleichwertige Topoi, die Argumente für eine angemessene Entscheidung zu liefern haben". Was die Bezugnahme Nörrs auf die Topik anbetrifft, so ist, wenn man den Begriff der Topik so stark ausdehnt, daß alles Suchen nach Problemlösungen topisch ist, mit dem Begriff nichts mehr anzufangen[86]. Der in der neueren Literatur über die Topik im Recht anscheinend nach jedermanns Belieben verwandte Begriff der Topik mag hier dahinstehen. Sicher war es ein „Problem", wie in dem von Plinius dem Trajan unterbreiteten Fall zu verfahren war. Deshalb fragt Plinius ja bei Trajan an. Es ist aber eine Verkehrung im grundsätzlichen, wenn man Trajan imputiert, daß für ihn die römische lex und die longa consuetudo usurpata contra legem, zumal es sich um eine consuetudo der Provinzialen handelte, „grundsätzlich gleichwertige Topoi" seien, wie Nörr annimmt. Trajan entscheidet auch nicht, wie

[81] Consuetudo S. 21ff.

[82] Ähnlich ist die Ansicht von Gallo, Interpretazione e formazione consuetudinaria del diritto S. 182ff., daß Plinius zwar einen präzisen Begriff vermeide, aber sich darauf beziehe, daß in Rom die Gesetze per desuetudinem abrogiert werden könnten, während für Trajan ein ius moribus receptum für die consuetudo in einer Provinz entgegen einer römischen lex ausscheide, vielmehr bloße consuetudo sei. Siehe auch Bove, La consuetudine in diritto Romano, S. 87ff., der meint, die Anfrage des Plinius lasse sich nur so erklären, daß er im Zweifel gewesen sei, ob die consuetudo nicht eine „vera e propria abrogazione" der lex Pompeia bewirkt habe. Für Bove ist deshalb der Briefwechsel ein Beweis dafür, daß zur Zeit des Trajan die consuetudo eine Rechtsquelle war, und zwar nicht nur in Ergänzung, sondern auch als consuetudo usurpata contra legem.

[83] Jura 18, 1967, 235.

[84] SZ 84, 1967, 459; Die Entstehung der longi temporis praescriptio S. 65; Festschr. Felgenträger S. 360ff.; Divisio S. 16.

[85] Festschr. Felgenträger S. 361.

[86] Siehe auch Horak, Rationes Decidendi, 1969, 45ff.

Nörr sagt, einen „Streit" zwischen der legis auctoritas und der longa consuetudo usurpata contra legem, und schließlich ist es entgegen Nörr[87] nicht der Inhalt der Entscheidung Trajans, daß für die Vergangenheit die consuetudo „gilt". Kraft der kaiserlichen Entscheidung bleiben die entgegen dem Gesetz Aufgenommenen weiterhin Bürger, und nicht, weil die consuetudo „gilt".

Nach Nörr tragen beide Briefe „stark rhetorische Züge". Daraus soll aber nicht folgen, daß diese Briefe nur die rhetorische, „nicht aber die juristische Rechtsquellenlehre wiedergeben". Nörr sagt zwar nicht, welchen unterschiedlichen Inhalt die rhetorische und die juristische Rechtsquellenlehre nach seiner Ansicht haben. Der Briefwechsel zwischen Plinius und Trajan handelt aber überhaupt nicht von einer Rechtsquellenlehre, weder von einer rhetorischen noch von einer juristischen Rechtsquellenlehre. Plinius fragt nicht – und auch die censores haben bei ihm nicht angefragt –, ob statt der lex Pompeia die longa consuetudo gelte, durch diese also die lex abrogiert worden sei. Es geht vielmehr in dem Brief des Plinius nur darum, ob die Bouleuten aus dem Stadtrat entfernt werden sollen. Plinius kommt gar nicht auf den Gedanken, daß die lex Pompeia durch die Nichtanwendung nicht mehr gilt. Er sorgt sich nur, daß, wenn die Bouleuten aus den anderen Städten Bithyniens aus dem Senat entfernt würden, es geschehen würde, „ut multi homines multaeque civitates concuterentur". Dem entspricht die Antwort Trajans. Auch Trajan kommt es nicht in den Sinn, daß das Gesetz durch die longa consuetudo usurpata contra legem abrogiert worden sei. Nur unter dem Gesichtspunkt, daß es nötig wäre, „multa perturbari", wenn er die vis legis auch für die Vergangenheit bewahren würde, will Trajan das einmal Geschehene nicht mehr ändern und sollen die Aufgenommenen weiterhin Bürger bleiben, obwohl sie contra legem aufgenommen worden sind. Die Entscheidung steht im Grundsätzlichen auf einer Stufe mit derjenigen des Briefes 111, in welchem Trajan für eine Schenkung entgegen seinen Mandaten, „ne multorum securitas subruatur" bestimmt: „largitiones ... factas ante aliquantum temporis retractari atque in irritum vindicari non oportet"[88].

[87] Divisio S. 16.
[88] Siehe auch Shervin-White, The Letters of Pliny, Oxford 1966, 726.

5. *Die consuetudo in der nicht-juristischen Literatur*

In der Diskussion zum Thema „Gewohnheitsrecht und römisches Recht“ hat seit je die Erwähnung der consuetudo in den rhetorischen Schriften eine erhebliche Rolle gespielt. Einerseits sagt man, daß die Lehren der Rhetorik für die Juristen nichts besagen[89]. Nach der anderen Meinung, so neuerdings nach Nörr[90], sollen die philosophisch-rhetorischen Texte beweisen, „daß für den kultivierten Römer die Gewohnheit eine Rechtsquelle sein konnte“, und juristische Texte sollen es nach Nörr bestätigen, daß die Juristen die Lehre der Rhetoren übernommen haben. Repräsentativ für die Rhetorik sind folgende Stellen:

Auctor ad Herennium 2, 13, 19
In der Aufzählung, ex quibus partibus ius constet, heißt es hinsichtlich der consuetudo: „Consuetudine ius est id, quod sine lege aeque, ac si legitimum sit, usitatum est quod genus id quod argentario tuleris expensum, ab socio eius recte petere possis.“

Das ius consuetudine steht nach dem Text im Gegensatz zur lex. Daß nun aber das Recht, das nicht auf eine lex gegründet ist, also das ius, das nach den Worten des Pomponius in sola prudentium interpretatione consistit, für die Juristen nicht „Gewohnheitsrecht“ ist, steht außer Frage. Das in dem Text angeführte Beispiel gehört dem Rechtsbereich an, der von der interpretatio der Juristen beherrscht wird. Bedurften die Juristen für das Recht, das zu interpretieren sie als iuris periti berufen waren, keiner Rechtsquelle, stand es den Rhetoren natürlich frei, das ungesetzte Recht der consuetudo zuzuordnen.

Den gleichen Mangel an Präzision wie bei dem auctor ad Herennium zeigen die Bemerkungen zu consuetudo oder mos in den Schriften Ciceros[91].

De inventione 2, 22, 67
consuetudine autem ius esse putatur id quod voluntate omnium sine lege vetustas comprobarit.

[89] Siehe Steinwenter, Stud. Bonfante II, 429ff.; Schulz, Prinzipien S. 10 N. 45; Schiller, Bull. 45, 1938, 348; Virginia Law Review 24, 1938, 268ff.; Kaser SZ 59, 1939, 95ff.; Schmiedel, Consuetudo S. 15ff.

[90] Divisio S. 10ff., 13; siehe auch Mayer-Maly, Gnomon 41, 1969, 386.

[91] Zur Berufung Ciceros auf die mores siehe auch Zit. bei Kaser, SZ 59, 1939, S. 95 N. 2; Lauria, Jus, Teil 2 cap. 1 Ziff. 7; allgemein siehe Bove, Consuetudine S. 21ff.

De inventione 2, 54, 162
consuetudine ius est, quod aut leviter a natura tractum aluit et maius fecit usus, ut religionem, aut si quid eorum quae ante diximus, ab natura profectum maius factum propter consuetudinem videmus, aut quod in morem vetustas vulgi approbatione perduxit; quod genus pactum est par iudicatum.

Part. orat 37, 130
Quae autem scripta non sunt, ea aut consuetudine aut conventis hominum et quasi consensu obtinentur.

Top 5, 28
... ut si quis ius civile dicat id esse quod in legibus, senatus consultis, rebus iudicatis, iuris peritorum auctoritate edictis magistratuum, more, aequitate consistat.

Top 7, 31
... ut si quis ius in legem morem aequitatem dividat.

De oratore 1, 48, 212
Sin autem quaereretur quisnam iurisconsultus vere nominaretur; eum dicerem qui legum, et consuetudinis eius qua privati in civitate uterentur et ad respondendum et ad agendum, et ad cavendum, peritus esset.

Übersieht man diese Äußerungen, so muß man sich fragen, wieso hätten die Juristen eigentlich diesen Deklamationen folgen sollen? Die Juristen brauchten keine Theorie der Rechtsquellen, aber diese Deklamationen waren auch gar keine Rechtsquellentheorie. Sicher haben die römischen Juristen die Dichotomie vom gesetzten und nicht gesetzten Recht gekannt. Sicher sind sie auch davon ausgegangen, daß ihre rechtlichen Institutionen moribus introductae sunt. Nur hatten diese Spekulationen für die Juristen und ihre Tätigkeit keine Bedeutung. Die rhetorischen Deklamationen stehen in ihren vagen und unpräzisen Äußerungen[92] in Wirklichkeit auch nicht im Gegensatz zu den Juristen. Sie gehen diese nur nichts an. Die Rhetoren berufen sich für das ius, das nicht auf einer lex beruht, auf die mores oder die consuetudo. Die Juristen haben eine solche Berufung nicht nötig. Sie haben als iuris periti über das Recht

[92] Betreffs der unterschiedlichen Anführungen in den Katalogen Ciceros siehe Crifò BIDR 71, 1968, 92ff.

auszusagen, und deshalb kommt die consuetudo in ihren Entscheidungen als Begründung nicht vor. Was die Deklamationen der Rhetoren zur consuetudo anbetrifft, so kann man wie Fritz Schulz[93] zu Cicero pro Milone 4, 10 zu allen diesen Äußerungen sagen: „Was sollten die römischen iuris consulti damit anfangen?"

Für Quintilian[94] gilt das gleiche wie für Cicero.

Inst orat 7, 4, 6
Constitutio est in lege, more, iudicato, pacto.

12, 3, 6
Namque omne ius, quod est certum, aut scripto aut moribus constat.

12, 3, 7
Quae scripta sunt aut posita in more civitatis, nullam habent difficultatem, cognitionis sunt enim non inventionis.

5, 10, 13
... ut pleraque in iure non legibus, sed moribus constant.

Bestimmend ist die Unterscheidung von leges und mores oder scripta und mores, wie es allgemein die Lehre der Philosophen und Rhetoren in der Unterscheidung von *νόμος ἔγγραφος* und *νόμος ἄγραφος* ist[95]. Nicht anders ist es bei Tertullian, de corona 4, 5:

Consuetudo autem etiam in civilibus rebus pro lege suscipitur cum deficit lex; nec differt scriptura an ratione consistat, quando et legem ratio commendet.

Gegen die Unterscheidung von leges und mores etc. haben selbstverständlich auch die Juristen nichts einzuwenden gehabt. Nur hat sie für die Juristen keine Bedeutung. Bemerkenswert ist übrigens, daß in der

[93] Geschichte S. 89.

[94] Zu Unrecht rügt Mayer-Maly, Gnomon 41, 1969, 386, in der Besprechung der Arbeit von Schmiedel, daß dieser den Satz von Isidor, Etymologiae 2, 10, 1 nicht besprochen habe: Consuetudo autem est ius quoddam moribus institutum, quod pro lege suscipitur. Es liegt in der Tat, wie Mayer-Maly annimmt, nahe, daß dieser Satz an Texte wie Quintilian Inst 5, 10, 13 anknüpft. Er besagt aber auch für das Thema des Gewohnheitsrechts nicht mehr als die Quintilian-Texte.

[95] Siehe Steinwenter, Stud. Bonfante II, 429ff.

Tertullian-Stelle die Geltung der consuetudo durch die ratio relativiert wird[96].

Schließlich steht auch der Text von Gellius, Noctes Atticae, 12, 13, 5, nicht dem entgegen, daß die Juristen der klassischen Zeit für das von ihnen zu interpretierende ius nicht mit der Kategorie des Gewohnheitsrechts gearbeitet haben[97].

> Non enim verborum tantum communium verae atque propriae significationes longiore usu mutantur, sed legum quoque ipsarum iussa consensu tacito oblitterantur.

Das „oblitterari" von Gesetzen und Rechtszuständen ist ja auch den Juristen durchaus geläufig. Nur fehlt den Juristen – aber auch dem Text des Gellius – die Vorstellung einer positivierten „abrogatio".

6. Die Frage des Gewohnheitsrechts für die klassische Zeit und die Digesten-Überlieferung

Die Kardinalstelle in den Digesten für die Frage des Gewohnheitsrechts in klassischer Zeit ist die oft behandelte[98] Julian-Stelle D 1, 3, 32 Jul 84 dig.

> De quibus causis scriptis legibus non utimur, id custodiri oportet, quod moribus et consuetudine inductum est: et si qua in re hoc deficeret, tunc quod proximum et consequens ei est: si nec id quidem appareat, tunc ius, quo urbs Roma utitur, servari oportet. § 1 Inveterata consuetudo pro lege non immerito custoditur, et hoc est ius quod dicitur moribus constitutum. nam cum ipsae leges nulla alia ex causa nos teneant, quam quod iudicio populi receptae sunt, merito et ea, quae sine ullo scripto populus probavit tenebunt omnes: nam quid interest suffragio populus voluntatem suam declaret an rebus ipsis et factis? quare rectissime etiam illud receptum est, ut leges non solum suffragio

[96] Zu consuetudo bei Tertullian siehe Beck, Röm. Recht bei Tertullian und Cyprian S. 62f.

[97] Gaudemet, Jura 18, 1967, 233 meint dagegen, die Gellius-Stelle sei für die Frage des Gewohnheitsrechts besonders wichtig.

[98] Siehe Zit. bei Schmiedel, Consuetudo S. 42, N. 2; am eingehendsten wird die Stelle behandelt von Steinwenter, Stud. Bonfante II S. 421ff., u. Schmiedel, S. 42ff.; siehe auch Bove, Consuetudine, S. 106ff. u. N. 110 Zit.

legis latoris, sed etiam tacito consensu omnium per desuetudinem abrogentur.

Nörr spricht von einer „julianischen Theorie vom Gewohnheitsrecht“[99]. Dem ist nicht zu folgen.

Daß die Stelle so, wie überliefert, nicht von Julian stammt, ist heute zweifellos. Julian handelt im 84. Buch von der lex Papia Poppaea. So kann auch fr 32 nur deren Anwendung betroffen haben. Die Verallgemeinerung im pr auf die scriptae leges ist somit nachträgliche Bearbeitung. Es geht ferner darum, wie hinsichtlich der Anwendung der lex Papia Poppaea durch den römischen Beamten in Provinzialverhältnissen zu verfahren ist. Lenel hat in der Palingenesie fragend die Vermutung geäußert, daß es sich um die Befreiung von den munera auf Grund der lex Papia Poppaea gehandelt habe[100]. Sei dem aber auch, wie ihm wolle. Wenn Julian sich dafür erklärt, daß bei der Anwendung der lex Papia Poppaea in Ergänzung zu den eindeutigen Regelungen des Gesetzes – darauf weist die Verallgemeinerung „de quibus causis scriptis legibus non utimur“ hin – mores und consuetudo der Provinz zu beachten seien und schließlich, wenn es daran fehlt, das ius, quo urbs Roma utitur, anzuwenden sei, so dürfte dies dem entsprechen, wie allgemein zur Zeit des Julian bei der Rechtsanwendung in den Provinzen von den römischen Beamten verfahren worden ist. Dabei braucht man sich nicht darüber aufzuhalten, ob consuetudo und mores Rechtsqualität haben. Jedenfalls ist nach ihnen zu verfahren.

Was nun aber den § 1 anbetrifft, so ist es doch schlechthin unvorstellbar, daß Julian die Stellungnahme zu der Anwendung der lex Papia Poppaea in der Provinz für eine konkrete Frage zum Anlaß genommen hätte, eine allgemeine Theorie des Gewohnheitsrechts im römischen Recht zu entwickeln. Die Sätze des § 1 erbringen denn ja auch nichts. Es sind die Deklamationen der Rhetoren. Sie passen auch erst, nachdem der Inhalt des pr durch die Lösung von der lex Papia Poppaea verallgemeinert worden war.

Auch die Fragmente aus Ulpians De officio proconsulis – D 1, 16, 4, 5; D 1, 16, 7, pr; D 1, 3, 33 und 34 – besagen nichts für eine allgemeine Lehre der Spätklassiker vom Gewohnheitsrecht. Ulpian handelt vom officium proconsulis, d. h. von der Tätigkeit des Statthalters in den sena-

[99] Festschr. Felgenträger, S. 357.

[100] Ebenso Pernice, SZ 20, 1899, 155; Lombardi, SDHI 18, 1952, 45; Ehrlich, Soziologie des Rechts S. 356.

torischen Provinzen[101]. Daß der proconsul die consuetudines der Provinzen zu beachten hat, ist wohl selbstverständlich, war doch Plinius sogar im Zweifel, wie er sich gegenüber einer consuetudo usurpata contra legem zu verhalten hatte. Man sollte sich nicht bemühen[102], in den Ulpian-Stellen die consuetudo als nur faktische Gewohnheit im Gegensatz zur consuetudo als Gewohnheitsrecht zu interpretieren. Von einer solchen Antithese wissen die Quellenzeugnisse nichts, und sie kann ja auch erst formuliert werden, wenn man eine Theorie des Gewohnheitsrechts aufstellt. Der Satz von D 1, 3, 33 Diuturna consuetudo pro iure et lege in his quae non ex scripto descendunt, observari solet, der von Ulpian ja nicht als Satz der allgemeinen Rechtslehre aufgestellt wird, ist – gleich, ob er so, insbesondere mit der Formel „pro iure et lege", von Ulpian stammt[103] – als Grundsatz für die Amtsführung des Prokonsuls hinsichtlich der Beachtung der provinzialen consuetudo durchaus sachgerecht. Nur ist er nicht ein allgemeiner Lehrsatz zum Gewohnheitsrecht. Noch eindeutiger ist die pragmatische Einstellung zu der Behandlung der provinzialen consuetudo durch den Prokonsul in D 1, 3, 34 Ulp 4 de off proc Cum de consuetudine civitatis vel provinciae confidere quis videtur, primum quidem illud explorandum arbitror, an etiam contradicto aliquando iudicio consuetudo firmata sit. Man könnte die Stelle geradezu als einen Vorläufer der modernen Lehre vom Vertrauensgrundsatz im Verwaltungsrecht bezeichnen.

Die Ulpian-Stellen stehen auf einer Stufe mit zahlreichen anderen Stellen, in denen davon die Rede ist, daß die Provinzialbeamten die provinzialen consuetudines zu beachten haben[104]. Als Beispiel sei nur C 8, 10, 3 mit der Verallgemeinerung in C 8, 52, 1 angeführt[105].

> C 8, 10, 3
> An in totum ex ruina domus licuerit non eandem faciem in civitate restituere, sed in hortum convertere, et an hoc consensu tunc magistratuum non prohibentium, item vicinorum factum sit, praeses, probatis his quae in oppido frequenter in eodem genere controversiarum servata sunt, causa cognita statuet.

[101] Siehe dazu Schulz, Geschichte, S. 310ff.
[102] So Schmiedel, Consuetudo S. 25ff.
[103] Siehe dazu Schmiedel, S. 28 u. Zit. insbes. Lombardi a. a. O. S. 56.; siehe auch Bove, Consuetudine, S. 146.
[104] Siehe dazu Schmiedel, a. a. O. S. 31ff.
[105] Siehe Lombardi, SDHI 17, 281ff.

C 8, 52, 1
Praeses provinciae probatis his, quae in oppido frequenter in eodem genere controversiarum servata sunt, causa cognita statuet. nam et consuetudo praecedens et ratio quae consuetudinem suasit custodienda est, et ne quid contra longam consuetudinem fiat, ad sollicitudinem suam revocabit praeses provinciae.

Trefflich paßt zu der Ulpian-Stelle D 1, 3, 34 die Paulus-Stelle D 1, 3, 37.

D 1, 3, 37 Paul 1 quaest
Si de interpretatione legis quaeratur, in primis inspiciendum est, quo iure civitas retro in eiusmodi casibus usa fuisset: optima enim est legum interpres consuetudo.

Mit Recht hat Lombardi[106] gemeint, daß die Stelle nicht von einem das Gesetz ergänzenden Gewohnheitsrecht, sondern von der Beachtung der lokalen Anwendung des Gesetzes handelt. Die Folgerung Lombardis, daß die Phrase „optima enim est legum interpres consuetudo" ein nachträglicher Zusatz sei, ist zwar möglich, aber nicht notwendig[107].

Für das Thema „Gewohnheitsrecht" ergibt sich – ungeachtet der Frage der Überarbeitung[108] – nichts aus D 1, 3, 36 Paul 7 ad Sab. Lenel[109] ordnet die Stelle in die Erörterung des Verbots der Ehegattenschenkung ein. Für diese heißt es ja auch sonst: „moribus apud nos receptum est" (D 24, 1, 1), ohne daß diese historische Ableitung aus den mores, wie allgemein bei der historischen Anknüpfung an die mores, als Gewohnheitsrecht im Sinne einer Rechtsquellenlehre zu verstehen wäre.

Gleiches wie zu D 1, 3, 37 ist von D 1, 3, 38 zu sagen[110].

D 1, 3, 38 Callistratus 1 quaest
Nam imperator noster Severus rescripsit in ambiguitatibus quae ex legibus proficiscuntur consuetudinem aut rerum perpetuo similiter iudicatarum auctoritatem vim legis optinere debere.

Nach Lombardi ist die Erwähnung der consuetudo nachträgliche Zutat. Das ist sehr wohl möglich. Die consuetudo und die rerum perpetuo

[106] SDHI 18, S. 49.
[107] Für Echtheit Wieacker, IRME I, 2, a S. 27; siehe auch Bove, Consuetudine S. 140.
[108] Siehe schon Perozzi, Ist² S. 42 N. 2; Lombardi a.a.O. S. 48 u. N. 115 Zit.; Wieakker, IRM AE I, 2a S. 27; siehe aber auch Bove, Consuetudine, S. 130ff.
[109] Paling, 1747.
[110] Siehe zu der Stelle vor allem Lombardi a.a.O. S. 51ff. u. Zit.; siehe aber auch Bove, Consuetudine S. 149ff.

similiter iudicatarum auctoritas passen nicht recht zusammen. In der Beziehung auf die Anwendung der Pronvinzialgesetze entspricht l. 38 den Verweisungen in l. 34 und in C 8, 10, 3 auf die örtliche Entscheidungspraxis.

Wohl nur wegen ihrer Stellung im Digestentitel 1, 3 ist die Celsus-Stelle D 1, 3, 39[111] in die Diskussion zum Thema „Gewohnheitsrecht" gelangt:

> Quod non ratione introductum, sed errore primum, deinde consuetudine optentum est, in aliis similibus non optinet.

Es kann dahingestellt bleiben, ob „primum, deinde consuetudine" eine spätere, insbesondere kompilatorische Einfügung ist[111a]. Die Polemik gilt der analogen Anwendung einer Regelung, die nicht auf ratio, sondern auf error gegründet ist. Mit Recht wird von Lombardi[112] auf die Julian-Stelle D 1, 3, 15 und die Paulus-Stelle 1, 3, 14 hingewiesen, in deren Bereich auch die Celsus-Stelle gehört.

Es bleibt von den im Digestentitel 1, 3 aufgeführten Stellen schließlich noch D 1, 3, 35 Hermogenianus 1 iur. epit. Sed et ea, quae longa consuetudine comprobata sunt ac per annos plurimos observata, velut tacita civium conventio non minus quam ea quae scripta sunt iura servantur. Entgegen der Ansicht von Gioffredi[113] ist die Stelle nicht auf die Besonderheit der provinzialen Verhältnisse zu beziehen[114]. Sowohl nach ihrem Inhalt wie nach der Stellung im ersten Buch des Werkes von Hermogenianus[115] handelt die Stelle allgemein vom Gewohnheitsrecht. Sie entspricht inhaltlich der nachklassischen Bearbeitung der Julian-Stelle D 1, 3, 32, 1. Es ist Schmiedel[116] zu folgen, daß in der Hermogenian-Stelle wie in der Bearbeitung der Julian-Stelle die nachklassische Lehre vom Gewohnheitsrecht ihren klaren Ausdruck findet, wobei dahingestellt bleiben kann, ob der Text unverändert überliefert ist. Die Datierung der Epitomae Hermogenians um 300 p. Chr.[117] hebt die Bedeutung der Stelle als Beleg der nachklassischen Lehre hervor.

[111] Zu der Stelle siehe vor allem Lombardi, Stud. Arangio-Ruiz III, 181ff.; Schmiedel, Consuetudo S. 9f.; Bove, Consuetudo, S. 102; nicht zu folgen ist Mayer-Maly a.a.O. S. 385.

[111a] So vor allem Lombardi a.a.O.

[112] a.a.O. S. 184.

[113] SDHI 13/14, 1947/48, S. 83.

[114] Gegen Gioffredi, wenn auch vorsichtig, Lombardi, SDHI 18, 1952, 55.

[115] Siehe Liebs, Hermogenianus Juris Epitomae, Abh. Ak. d. Wissenschaften Göttingen N. 57, 1964, S. 116.

[116] Consuetudo, S. 51ff.

[117] Siehe Liebs a.a.O. S. 13ff.

Mit dem Ende des Juristenrechts, das für das römische Zivilrecht den Raum des ungesetzten Rechts voll ausfüllte und selbst keiner Legitimation bedurfte, aber mit der auctoritas der iuris periti verbunden war, bedurfte das nicht gesetzte Recht einer Legitimation, die es nur in der Lehre vom Gewohnheitsrecht finden konnte. Während betreffs der provinzialen consuetudo in klassischer Zeit nur zu fragen war, ob sie von dem römischen Beamten zu tolerieren war, war nach der constitutio Antoniniana der Weg frei, auch partikulares ungesetztes Recht als Gewohnheitsrecht dem gesetzten Recht gleichrangig zu behandeln, auch unabhängig davon, ob es sich um nur örtlich begrenzte provinziale Rechtsgewohnheit oder um Vulgarrecht handelte[118].

Anders als das Juristenrecht der klassischen Zeit war das Gewohnheitsrecht positiviert wie das Gesetzesrecht. So konnte auch die Ansicht entstehen, daß das Gewohnheitsrecht das Gesetz abrogiere, wie D 1, 3, 32, 1 es besagt. Wenn es demgegenüber in der Konstitution Konstantins C 8, 52, 2 heißt, daß der consuetudo und dem usus longaevus keine „vilis auctoritas" eigne, daß die Bedeutung aber nicht so weit gehe, „ut aut rationem vincat aut legem", so mag die viel behandelte[119] Antinomie zu D 1, 3, 32, 1 hier dahinstehen. Das Verhältnis des Gewohnheitsrechts zum Gesetzesrecht ist eine Sonderfrage, die auf der Grundlage der Anerkennung des Gewohnheitsrechts als Rechtsquelle sehr wohl unterschiedlich entschieden werden kann. Für unsere Untersuchung kommt es nur darauf an, daß in nachklassischer Zeit das Gewohnheitsrecht als Rechtsquelle anerkannt ist.

7. *Folgerungen zum geltenden Recht*

Savigny hat das Richtige getroffen, wenn er von dem Römischen Volksrecht sagt: „Der wichtigste Teil desselben war schon zur Zeit der Republik in Volksschlüsse oder Edikte übergegangen, und was daneben noch als freies Gewohnheitsrecht übrig blieb, nahm die juristische Literatur in sich auf, so daß es nur noch als wissenschaftliches Recht erschien."[120] Es gilt nun für die Entstehung des Rechts, welches nach den Worten Savignys „der herrschende, nicht ganz passende Sprachgebrauch

[118] Siehe dazu Levy, BIDR 62, 1959, S. 1ff., 5f.

[119] Siehe Savigny, System I, 420; Hermann Lange, Gedächtnisschr. Rudolf Schmidt, 1966, S. 424ff.; Schmiedel, Consuetudo, S. 69ff.; Nörr, SZ 84, 1969, 469ff.

[120] System I, 76.

als Gewohnheitsrecht bezeichnet", ganz allgemein die Feststellung Savignys, daß dieses Recht „erst durch Sitte und Volksglaube, dann durch Jurisprudenz erzeugt wird"[121]. Das durch die Jurisprudenz erzeugte Recht, nach den Worten des Pomponius in D 1, 2, 2, 12, das ius quod in sola prudentium interpretatione consistit, hat jedoch eine ganz andere Natur als das ursprüngliche Volks-Gewohnheitsrecht. Das Volks-Gewohnheitsrecht gilt per se, es kann wie das Gesetz von dem einen Rechtsfall oder eine Rechtsfrage Entscheidenden grundsätzlich nicht in Frage gestellt werden. Anders jedoch das Juristenrecht als wissenschaftliches Recht. Dieses gründet sich, wie Puchta[122] mit Recht gesagt hat, – anders als das Gesetzesrecht – „nicht auf eine äußere Autorität, und" – so heißt es bei Puchta weiter – „Recht ist dieses Juristenrecht oder Recht der Praxis, wie es von seiner äußeren Erscheinung genannt werden kann, nur durch die Haltbarkeit seiner inneren Gründe, und der Richter, welcher sich von der Unrichtigkeit einer solchen Ansicht überzeugt hat, ist nicht darum an sie gebunden, weil sie die herrschende und weil bisher danach entschieden worden ist". Nach Puchta[123] gründet sich vielmehr das Juristenrecht als wissenschaftliches Recht auf die „innere" Autorität der „wissenschaftlichen Wahrheit", und „die Juristen sind Träger der wissenschaftlichen Wahrheit, sie stellen die Rechtssätze dar und wenden sie an, die rein auf inneren Gründen beruhen und die auch nur durch ihre wissenschaftliche Wahrheit eine Autorität haben"[124]. Wir würden dies heute nicht mehr mit den gleichen Worten sagen. Vor allem würden wir wohl den Terminus „wissenschaftliche Wahrheit" vermeiden. In der Sache ist aber Puchta zu folgen. Es geht für das Juristenrecht als wissenschaftliches Recht bei der Entscheidung einer nicht unmittelbar durch positivierten Rechtssatz geregelten Rechtsfrage jeweils darum, die in Frage kommenden Prinzipien der geltenden Rechtsordnung festzustellen und in Analogie zu den Konsequenzen zu entscheiden, die im geltenden Recht bereits, wie Puchta[125] sagt, „aus denselben Prinzipien für andere Fälle wirklich schon gemacht worden sind".

Die moderne Romanistik hat, wenn sie für die klassische Zeit der Anerkennung eines Gewohnheitsrechts im Sinne der modernen Lehre von der Gleichsetzung des Gewohnheitsrechts als Rechtsquelle mit dem

[121] Vom Beruf unsrer Zeit für Gesetzgebung und Rechtswissenschaft, 3. Aufl. (1840) S. 14.

[122] Gewohnheitsrecht II, 16.

[123] a.a.O.

[124] Puchta, Vorlesungen I, 43.

[125] a.a.O.

Gesetzesrecht verneint, in Wirklichkeit die Thesen von Savigny und Puchta zum Juristenrecht erneuert. Für Savigny und Puchta ist das Juristenrecht, auch wenn Savigny es als Gewohnheitsrecht bezeichnet, kein Gewohnheitsrecht im Sinne einer Gleichstellung mit dem Gesetzesrecht. Für Savigny ist das römische Juristenrecht das Vorbild für die These von dem Beruf seiner Zeit für Rechtswissenschaft. Savigny entscheidet sich für die Rechtswissenschaft gerade deshalb, weil nach seiner Ansicht das Juristenrecht dem Gesetzesrecht nicht gleichzustellen ist. So sieht er[126] statt eines Gesetzbuchs „das rechte Mittel in einer organisch fortschreitenden Rechtswissenschaft, die der ganzen Nation gemein sein kann".

Das Juristenrecht manifestiert sich bei uns heute vornehmlich in den richterlichen Entscheidungen, und zwar besonders in der höchstrichterlichen Rechtsprechung. Das in der Rechtsprechung geübte Juristenrecht hat keine andere Legitimation als die „innere" Autorität. Es kann auch keine andere haben, aber es bedarf auch keiner anderen. Die innere Autorität des Juristenrechts besteht darin, daß es auf die Gesamtheit der Rechtsordnung gegründet ist[127]. Für die consuetudo ist als Legitimation des Juristenrechts neben der inneren Autorität heute so wenig Raum wie bei den römischen Klassikern. Trotzdem hat die Konstanz für das Juristenrecht Bedeutung. Mit Recht heißt es bei Puchta[128]: „Es entsteht eine Vermutung für die Wahrheit einer Ansicht, wenn sie von den bewährtesten Rechtsgelehrten übereinstimmend vorgetragen wird (communis opinio) und wenn sie sich auch in der Anwendung konstant geltend gemacht hat (usus fori), und ein gewissenhafter Richter wird im Zweifel dabei stehenbleiben." Der Richter steht hinsichtlich des Juristenrechts vor dem Befund: „hoc iure utimur". Will er davon abweichen, so muß er davon überzeugt sein, daß die innere Autorität der Begründung seiner von dem bisherigen Juristenrecht abweichenden Entscheidung anerkannt werden und seine Entscheidung in den Gerichtsgebrauch aufgenommen wird und er so – in Vorwegnahme des neuen Gerichtsgebrauchs – bereits zu seiner Entscheidung gegenüber dem bisherigen Juristenrecht sagen kann: „alio iure utimur"[129].

Dem römischen Juristenrecht der klassischen Zeit waren für das Zivilrecht, abgesehen von wenigen Gesetzen und den Normen des prätorischen und ädilizischen Edikts, nur die überkommenen Rechtsinstitute

[126] Vom Beruf S. 161.

[127] Siehe Flume, Richter und Recht, S. 25; Wieacker, Festschr. Werner Weber, S. 423.

[128] Vorlesungen I, 44.

[129] Flume a.a.O. S. 24.

und Rechtsfiguren, wie z. B. die patria potestas und die Vertragstypen und die dinglichen Rechte, vorgegeben. Cum grano salis konnte man von dem Zivilrecht im ganzen wirklich sagen: in sola prudentium interpretatione consistit. Für unser Recht ist insofern die Situation eine grundsätzlich andere. Obwohl wir aber für das Zivilrecht die Kodifikation des BGB und für den ganzen Rechtsraum eine Fülle von Einzelgesetzen haben, spielt das Juristenrecht auch bei uns eine bedeutsame Rolle, und zwar sowohl in der Interpretation der Gesetze wie durch die ergänzende Rechtsfindung, ohne daß beides klar voneinander getrennt werden könnte. Die Bedeutung des Juristenrechts in der Interpretation des Gesetzes wird besonders veranschaulicht durch den Wandel unseres bürgerlichen Rechts seit 1900, obwohl das BGB selbst, abgesehen von geringfügigen Korrekturen, doch unverändert geblieben ist. Gegenüber dem Stand des Zivilrechts zur Anfangszeit des BGB können wir heute für zahlreiche Fragen und ganze Fragenkomplexe sagen: alio iure utimur.

Einen besonderen Charakter erlangt das Juristenrecht, das von dem Rechtsverkehr der Rechtsgenossen für die privatautonome Gestaltung von Rechtsverhältnissen übernommen wird. Paradigmen sind die Sicherungsübereignung und der verlängerte Eigentumsvorbehalt. Sind einmal für die privatautonome Rechtsgestaltung solche Rechtsfiguren durch das Juristenrecht anerkannt, wozu vor allem die Anerkennung in fester Rechtsprechung gehört, so ist dieses Juristenrecht hinsichtlich der Anwendung seitens der Rechtsgenossen anders als das sonstige Juristenrecht der Disposition der Juristen grundsätzlich entzogen. Auf Grund der Anwendung durch die Rechtsgenossen im Rechtsverkehr erlangt das Juristenrecht für den Richter äußere Autorität wie das Gesetz. Zwar bleibt die Rechtsprechung zuständig für die Lösung einzelner Rechtsfragen betreffs der vom Rechtsverkehr übernommenen Rechtsfiguren, nicht anders als dies für die Anwendung von Gesetzen gilt. Der Richter kann aber nicht die einmal mit Billigung durch das Juristenrecht und insbesondere durch die Rechtsprechung begründete Übung des Rechtsverkehrs grundsätzlich verwerfen. So wäre es den Gerichten verwehrt, der Sicherungsübereignung oder dem verlängerten Eigentumsvorbehalt ex post die Anerkennung zu versagen, obwohl gegenüber diesen Rechtsfiguren durchaus rechtliche Bedenken bestehen. Insoweit kann man, weil es auf die Übung durch die Rechtsgenossen ankommt und diese die Verbindlichkeit für den Richter bewirkt, in der Tat von Gewohnheitsrecht im Sinne des ursprünglichen Volks-Gewohnheitsrechts sprechen.

Es ist hier wirklich die Übung als solche, welche als Faktum für das Juristenrecht die inhaltliche Änderung bewirkt, indem durch die Übung die „äußere“ Autorität des von den Rechtsgenossen im Rechtsverkehr geübten Rechts für den Richter begründet wird. Nur für die Zukunft könnten der Gesetzgeber wie die Rechtsprechung das in der Rechtsgestaltung durch die Rechtsgenossen angewandte Juristenrecht „brechen“[130].

Für das römische Recht der klassischen Zeit ist ein Paradigma dafür, daß eine Rechtsfigur des Juristenrechts in die Übung des Rechtsverkehrs der Rechtsgenossen eingeht, die stipulatio Aquiliana. Von ihr könnte man in der Tat für das klassische Recht als von Volks-Gewohnheitsrecht sprechen. Nur die römischen Juristen sind nicht auf den Gedanken verfallen, daß das von ihnen interpretierte ius eine andere Qualität annehmen könnte, wenn es zur consuetudo der Rechtsgenossen wird. Das Recht der stipulatio Aquiliana gehört für sie wie alles ungesetzte Recht zu dem ius, zu dessen Interpreten sie sich berufen fühlen.

Das Juristenrecht, das zum Volks-Gewohnheitsrecht geworden ist und damit für den Richter die gleiche äußere Autorität wie das Gesetz hat, nimmt in unserer Rechtsordnung nur einen verhältnismäßig geringen Raum ein. Weit überwiegend ist das bloße Juristenrecht, das nur kraft seiner inneren Autorität gilt und deshalb der immer erneuten Überprüfung durch die Juristen unterliegt. Daß dieses Juristenrecht, nach den Worten des Pomponius das ius quod sine scripto in sola prudentium interpretatione consistit, sich heute wesentlich in der Interpretation von Gesetzen bildet, rechtfertigt nicht die Gleichsetzung des Juristenrechts mit dem Gesetz[131]. Dem Juristenrecht fehlt die „äußere“ Autorität des Gesetzesbefehls. Allerdings wollen diese manche auch dem Gesetz nicht mehr zuerkennen.

[130] Siehe BGHZ 18, 81ff.; 37, 219ff.; 44, 346ff.
[131] So Esser, Festschr. v. Hippel.

Veröffentlichungen
der Arbeitsgemeinschaft für Forschung des Landes Nordrhein-Westfalen
jetzt der Rheinisch-Westfälischen Akademie der Wissenschaften

Neuerscheinungen 1966 bis 1974

Vorträge G Heft Nr.		GEISTESWISSENSCHAFTEN
130	*Ernst Langlotz, Bonn*	Die kulturelle und künstlerische Hellenisierung der Küsten des Mittelmeers durch die Stadt Phokaia
131	*Harry Westermann, Münster*	Das Verhältnis zwischen Bergbau und öffentlichen Verkehrsanstalten als Gegenstand richterlicher und gesetzgeberischer Bewertung
132	*Werner Schulemann, Bonn*	Die Kunst Zentralasiens als Ausdrucksform religiösen Denkens
	Walther Heissig, Bonn	Tibet und die Mongolei als literarische Provinzen
133	*Tilemann Grimm, Bochum*	China und Südostasien in Geschichte und Gegenwart
134	*Peter Berghaus und Karl Schneider, Münster*	Anglo-friesische Runensolidi im Lichte des Neufundes von Schweindorf (Ostfriesland)
135	*Benno von Wiese, Bonn*	Goethe und Schiller im wechselseitigen Vor-Urteil
136	*Gotthard Günther, Illinois (USA)*	Logik, Zeit, Emanation und Evolution
137	*Karl Heinrich Rengstorf, Münster*	Die Re-Investitur des Verlorenen Sohnes in der Gleichniserzählung Jesu, Luk. 15, 11–32
138	*Gerhard Gloege †, Bonn*	Die Todesstrafe als theologisches Problem
139	*Joseph Ratzinger, Tübingen*	Das Problem der Dogmengeschichte in der Sicht der katholischen Theologie
140	*Herbert von Einem, Bonn*	Masaccios „Zinsgroschen“
141	*Karl Gustav Fellerer, Köln*	Klang und Struktur in der abendländischen Musik
142	*Joh. Leo Weisgerber, Bonn*	Die Sprachgemeinschaft als Gegenstand sprachwissenschaftlicher Forschung
143	*Wilhelm Ebel, Göttingen*	Lübisches Recht im Ostseeraum
144	*Albrecht Dihle, Köln*	Der Kanon der zwei Tugenden
145	*Heinz-Dietrich Wendland, Münster*	Die Ökumenische Bewegung und das II. Vatikanische Konzil
146	*Hubert Jedin, Bonn*	Vaticanum II und Tridentinum
147	*Helmut Schelsky, Münster*	Schwerpunktbildung der Forschung in einem Lande
	Ludwig E. Feinendegen, Jülich	Forschungszusammenarbeit benachbarter Disziplinen am Beispiel der Lebenswissenschaften in ihrem Zusammenhang mit dem Atomgebiet
148	*Herbert von Einem, Bonn*	Die Tragödie der Karlsfresken Alfred Rethels
149	*Carl A. Willemsen, Bonn*	Die Bauten der Hohenstaufen in Süditalien. Neue Grabungs- und Forschungsergebnisse
150	*Hans Flasche, Hamburg*	Die Struktur des Auto Sacramental „Los Encantos de la Culpa“ von Calderón Antiker Mythos in christlicher Umprägung
151	*Joseph Henninger, Bonn*	Über Lebensraum und Lebensformen der Frühsemiten
152	*François Seydoux de Clausonne, Bonn*	Betrachtungen über die deutsch-französischen Beziehungen von Briand bis de Gaulle
153	*Günter Kahle, Köln*	Bartolomé de las Casas
154	*Johannes Holthusen, Bochum*	Prinzipien der Komposition und des Erzählens bei Dostojevskij
155	*Paul Mikat, Düsseldorf*	Die Bedeutung der Begriffe Stasis und Aponoia für das Verständnis des 1. Clemensbriefes
156	*Dieter Nörr, Münster*	Die Entstehung der *longi temporis praescriptio.* Studien zum Einfluß der Zeit im Recht und zur Rechtspolitik in der Kaiserzeit
157	*Theodor Schieder, Köln*	Zum Problem des Staatenpluralismus in der modernen Welt
158	*Ludwig Landgrebe, Köln*	Über einige Grundfragen der Philosophie der Politik
159	*Hans Erich Stier, Münster*	Die geschichtliche Bedeutung des Hellenennamens
160	*Friedrich Halstenberg, Düsseldorf*	Nordrhein-Westfalen im nordwesteuropäischen Raum: Aufgaben und Probleme gemeinsamer Planung und Entwicklung

161	*Wilhelm Hennis, Freiburg i. Br.*	Demokratisierung – Zur Problematik eines Begriffs
162	*Günter Stratenwerth, Basel*	Leitprinzipien der Strafrechtsreform
	Hans Schulz, Bern	Kriminalpolitische Aspekte der Strafrechtsreform
163	*Rüdiger Schott, Münster*	Aus Leben und Dichtung eines westafrikanischen Bauernvolkes – Ergebnisse völkerkundlicher Forschungen bei den Bulsa in Nord-Ghana 1966/67
164	*Arno Esch, Bonn*	James Joyce und sein *Ulysses*
165	*Edward J. M. Kroker, Königstein*	Die Strafe im chinesischen Recht
166	*Max Braubach, Bonn*	Beethovens Abschied von Bonn
167	*Erich Dinkler, Heidelberg*	Der Einzug in Jerusalem. Ikonographische Untersuchungen im Anschluß an ein bisher unbekanntes Sarkophagfragment Mit einem epigraphischen Beitrag von Hugo Brandenburg
168	*Gustaf Wingren, Lund*	Martin Luther in zwei Funktionen
169	*Herbert von Einem, Bonn*	Das Programm der Stanza della Segnatura im Vatikan
170	*Hans-Georg Gadamer, Heidelberg*	Die Begriffsgeschichte und die Sprache der Philosophie
171	*Theodor Kraus †, Köln*	Die Gemeinde und ihr Territorium – Fünf Gemeinden der Niederrheinlande in geographischer Sicht
172	*Ernst Langlotz, Bonn*	Der architekturgeschichtliche Ursprung der christlichen Basilika
173	*Hermann Conrad †, Bonn*	Staatsgedanke und Staatspraxis des aufgeklärten Absolutismus Jahresfeier am 10. Mai 1971
174	*Tilemann Grimm, Bochum*	Chinas Traditionen im Umbruch der Zeit
175	*Hans Erich Stier, Münster*	Der Untergang der klassischen Demokratie
176	*Heinz-Dietrich Wendland, Münster*	Die Krisis der Volkskirche – Zerfall oder Gestaltwandel?
177	*Gerhard Kegel, Köln*	Zur Schenkung von Todes wegen
178	*Theodor Schieder, Köln*	Hermann Rauschnings „Gespräche mit Hitler" als Geschichtsquelle
179	*Friedrich Nowakowski, Innsbruck*	Probleme der österreichischen Strafrechtsreform
180	*Karl Gustav Fellerer, Köln*	Der Stilwandel in der abendländischen Musik um 1600
181	*Georg Kauffmann, Münster*	Michelangelo und das Problem der Säkularisation
182	*Harry Westermann, Münster*	Freiheit des Unternehmers und des Grundeigentümers und ihre Pflichtenbindungen im öffentlichen Interesse nach dem Referentenentwurf eines Bundesberggesetzes
183	*Ernst-Wolfgang Böckenförde, Bielefeld*	Die verfassungstheoretische Unterscheidung von Staat und Gesellschaft als Bedingung der individuellen Freiheit
184	*Kurt Bittel, Berlin*	Archäologische Forschungsprobleme zur Frühgeschichte Kleinasiens
185	*Paul Egon Hübinger, Bonn*	Die letzten Worte Papst Gregors VII.
186	*Günter Kahle, Köln*	Das Kaukasusprojekt der Alliierten vom Jahre 1940
187	*Hans Erich Stier, Münster*	Welteroberung und Weltfriede im Wirken Alexanders d. Gr.
188	*Jacques Droz, Paris*	Einfluß der deutschen Sozialdemokratie auf den französischen Sozialismus (1871–1914)
189	*Eleanor v. Erdberg-Consten, Aachen*	Die Architektur Taiwans Ein Beitrag zur Geschichte der chinesischen Baukunst
190	*Herbert von Einem, Bonn*	Die Medicimadonna Michelangelos
191	*Ulrich Scheuner, Bonn*	Das Mehrheitsprinzip in der Demokratie
192	*Theodor Schieder, Köln*	Probleme einer europäischen Geschichte Jahresfeier am 30. Mai 1973
193	*Erich Otremba, Köln*	Die „Kanalstadt". Der Siedlungsraum beiderseits des Ärmelkanals in raumdynamischer Betrachtung
194	*Max Wehrli, Zürich*	Wolframs ‚Titurel'
195	*Heinrich Dörrie, Münster*	Pygmalion – Ein Impuls Ovids und seine Wirkungen bis in die Gegenwart
196	*Jan Hendrik Waszink, Leiden*	Biene und Honig als Symbol des Dichters und der Dichtung in der griechisch-römischen Antike
197	*Henry Chadwick, Oxford*	Betrachtungen über das Gewissen in der griechischen, jüdischen und christlichen Tradition
198	*Ernst Benda, Karlsruhe*	Gefährdungen der Menschenwürde
199	*Herbert von Einem, Bonn*	‚Die Folgen des Krieges'. Ein Alterswerk von Peter Paul Rubens
200	*Hansjakob Seiler, Köln*	Das linguistische Universalienproblem in neuer Sicht
201	*Werner Flume, Bonn*	Gewohnheitsrecht und römisches Recht

ABHANDLUNGEN

Band Nr.		
24	*Anton Moortgat, Berlin*	Tell Chuēra in Nordost-Syrien. Vorläufiger Bericht über die dritte Grabungskampagne 1960
25	*Margarete Newels, Bonn*	Poetica de Aristoteles traducida de latin. Ilustrada y comentada por Juan Pablo Martir Rizo (erste kritische Ausgabe des spanischen Textes)
26	*Vilho Niitemaa, Turku, Pentti Renvall, Helsinki, Erich Kunze, Helsinki, und Oscar Nikula, Abo*	Finnland – gestern und heute
27	*Ahasver von Brandt, Heidelberg, Paul Johansen, Hamburg, Hans van Werveke, Gent, Kjell Kumlien, Stockholm, Hermann Kellenbenz, Köln*	Die Deutsche Hanse als Mittler zwischen Ost und West
28	*Hermann Conrad †, Gerd Kleinheyer, Thea Buyken und Martin Herold, Bonn*	Recht und Verfassung des Reiches in der Zeit Maria Theresias. Die Vorträge zum Unterricht des Erzherzogs Joseph im Natur- und Völkerrecht sowie im Deutschen Staats- und Lehnrecht
29	*Erich Dinkler, Heidelberg*	Das Apsismosaik von S. Apollinare in Classe
30	*Walther Hubatsch, Bonn, Bernhard Stasiewski, Bonn, Reinhard Wittram †, Göttingen, Ludwig Petry, Mainz, und Erich Keyser, Marburg (Lahn)*	Deutsche Universitäten und Hochschulen im Osten
31	*Anton Moortgat, Berlin*	Tell Chuēra in Nordost-Syrien. Bericht über die vierte Grabungskampagne 1963
32	*Albrecht Dihle, Köln*	Umstrittene Daten. Untersuchungen zum Auftreten der Griechen am Roten Meer
33	*Heinrich Behnke und Klaus Kopfermann (Hrsg.), Münster*	Festschrift zur Gedächtnisfeier für Karl Weierstraß 1815–1965
34	*Joh. Leo Weisgerber, Bonn*	Die Namen der Ubier
35	*Otto Sandrock, Bonn*	Zur ergänzenden Vertragsauslegung im materiellen und internationalen Schuldvertragsrecht. Methodologische Untersuchungen zur Rechtsquellenlehre im Schuldvertragsrecht
36	*Iselin Gundermann, Bonn*	Untersuchungen zum Gebetbüchlein der Herzogin Dorothea von Preußen
37	*Ulrich Eisenhardt, Bonn*	Die weltliche Gerichtsbarkeit der Offizialate in Köln, Bonn und Werl im 18. Jahrhundert
38	*Max Braubach, Bonn*	Bonner Professoren und Studenten in den Revolutionsjahren 1848/49
39	*Henning Bock (Bearb.), Berlin*	Adolf von Hildebrand Gesammelte Schriften zur Kunst
40	*Geo Widengren, Uppsala*	Der Feudalismus im alten Iran
41	*Albrecht Dihle, Köln*	Homer-Probleme
42	*Frank Reuter, Erlangen*	Funkmeß. Die Entwicklung und der Einsatz des RADAR-Verfahrens in Deutschland bis zum Ende des Zweiten Weltkrieges
43	*Otto Eißfeldt †, Halle, und Karl Heinrich Rengstorf (Hrsg.), Münster*	Briefwechsel zwischen Franz Delitzsch und Wolf Wilhelm Graf Baudissin 1866–1890
44	*Reiner Haussherr, Bonn*	Michelangelos Kruzifixus für Vittoria Colonna. Bemerkungen zu Ikonographie und theologischer Deutung
45	*Gerd Kleinheyer, Regensburg*	Zur Rechtsgestalt von Akkusationsprozeß und peinlicher Frage im frühen 17. Jahrhundert. Ein Regensburger Anklageprozeß vor dem Reichshofrat. Anhang: Der Statt Regenspurg Peinliche Gerichtsordnung
46	*Heinrich Lausberg, Münster*	Das Sonett *Les Grenades* von Paul Valéry

Verzeichnisse sämtlicher Veröffentlichungen der Arbeitsgemeinschaft für Forschung des Landes Nordrhein-Westfalen, jetzt der Rheinisch-Westfälischen Akademie der Wissenschaften, können beim Westdeutschen Verlag GmbH, 567 Opladen, Postfach 1620, angefordert werden.

GPSR Compliance

The European Union's (EU) General Product Safety Regulation (GPSR) is a set of rules that requires consumer products to be safe and our obligations to ensure this.

If you have any concerns about our products, you can contact us on ProductSafety@springernature.com

In case Publisher is established outside the EU, the EU authorized representative is:

Springer Nature Customer Service Center GmbH
Europaplatz 3
69115 Heidelberg, Germany

Batch number: 10809636

Printed by Printforce, the Netherlands